Schriften zum schweizerischen Arbeitsrecht · Heft 49

Christoph
Neeracher

Das arbeitsvertragliche Konkurrenzverbot

Schriften
zum schweizerischen Arbeitsrecht

Begründet und herausgegeben von

Dr. Manfred Rehbinder

Professor an der Universität Zürich

STÄMPFLI VERLAG AG BERN · 2001

Dr. iur. Christoph Neeracher
Rechtsanwalt, LL. M.

Das arbeitsvertragliche Konkurrenzverbot

STÄMPFLI VERLAG AG BERN · 2001

Zürcher Dissertation

Die Deutsche Bibliothek - CIP-Einheitsaufnahme

Neeracher, Christoph:
Das arbeitsvertragliche Konkurrenzverbot / Christoph Neeracher. -
Bern : Stämpfli, 2001
(Schriften zum schweizerischen Arbeitsrecht ; H. 49)
Zugl.: Zürich, Univ., Diss., 2000
ISBN 3-7272-0650-0

Alle Rechte vorbehalten, insbesondere das Recht der Vervielfältigung, der Verbreitung und der Übersetzung. Das Werk oder Teile davon dürfen ohne schriftliche Genehmigung des Verlags weder in irgendeiner Form reproduziert (z. B. fotokopiert) noch elektronisch gespeichert, verarbeitet, vervielfältigt oder verbreitet werden.

© Stämpfli Verlag AG Bern · 2001

Gesamtherstellung: Stämpfli AG,
Grafisches Unternehmen, Bern
Printed in Switzerland

ISBN 3-7272-0650-0

Inhaltsverzeichnis

Literaturverzeichnis

Becker, Hermann: Berner Kommentar, Bd. VI/2, Art. 184–551 OR, Bern 1934 (zit. BK-Becker)

Bentele, Roland: Die Konventionalstrafe nach Art. 160–163 OR, Freiburg 1994 (zit. Bentele)

Bohny, Peter: Das arbeitsvertragliche Konkurrenzverbot, Zürich 1989 (zit. Bohny)

Bohny, Peter: Konkurrenzverbot, in: Thomas Geiser/Peter Münch (Hg.): Stellenwechsel und Entlassung, Basel/Frankfurt am Main 1997 (zit: Bohny, in: Geiser/Münch)

Bosman, Aleidus Gerard: Konzernverbundenheit und ihre Auswirkungen auf Verträge mit Dritten, Diss. Zürich 1984 (zit. Bosman)

Brühwiler, Jürg: Kommentar zum Einzelarbeitsvertrag, 2. A., Bern/Stuttgart/ Wien 1996 (zit. Brühwiler)

Bucher, Eugen: Berner Kommentar, Bd. I/2/2, Art. 27 ZGB, 3. A., Bern 1993 (zit. BK-Bucher)

Bucher, Eugen: Schweizerisches Obligationenrecht, Allgemeiner Teil ohne Deliktsrecht, 2. A., Zürich 1988 (zit. Bucher)

Buchner, Herbert: Wettbewerbsverbote während und nach Beendigung des Arbeitsverhältnisses, Heidelberg 1995 (zit. Buchner)

Busse, Thomas: Die Wirksamkeitsvoraussetzungen der Konkurrenzklausel, Diss. Basel 1990 (zit. Busse)

Druey, Jean Nicolas: Das Fabrikationsgeheimnis – faktisches Gut oder Rechtsgut?, in: ZSR, NF 1973, Bd. I, S. 451 ff. (zit. Druey)

Ehrat, Felix: Art. 151–163 OR, in: Heinrich Honsell/Nedim Peter Vogt/Wolfgang Wiegand (Hg.), Kommentar zum schweizerischen Privatrecht, Obligationenrecht I, Art. 1–529 OR, Basel/Frankfurt am Main 1994 (zit. Ehrat)

Gauch, Peter/Schluep, Walter R./Schmid, Jörg/Rey, Heinz: Schweizerisches Obligationenrecht, Allgemeiner Teil, Bd. I und Bd. II, 7. A, Zürich 1998 (zit. Gauch/Schluep)

Geiser, Thomas: Betriebsübernahmen und Massenentlassungen im Zusammenhang mit Zwangsvollstreckungsverfahren, in: Kolloquium zu Ehren von Professor Adrian Staehelin, Zürich 1997 (zit. Geiser, Kolloquium)

Geiser, Thomas: Die Treuepflicht des Arbeitnehmers und ihre Schranken, Bern 1983 (zit. Geiser)

Gloor, Alain: Vorsorgliche Massnahmen im Spannungsfeld von Bundesrecht und kantonalem Zivilprozessrecht, Zürich 1982 (zit. Gloor)

Grüll, Ferdinand/Janert, Wolf-Rüdiger: Die Konkurrenzklausel, 5. A., Heidelberg 1993 (zit. Grüll/Janert)

Guldener, Max: Schweizerisches Zivilprozessrecht, 3. A., Zürich 1979 (zit. Guldener)

Häfelin, Ulrich/Haller, Walter: Schweizerisches Bundesstaatsrecht, 4. A., Zürich 1998 (zit. Häfelin/Haller)

Häfelin, Ulrich/Haller, Walter: Schweizerisches Bundesstaatsrecht, Supplement zur 4. A., Die neue Bundesverfassung, Zürich 2000 (zit. Häfelin/Haller, Supplement)

Häfliger, Arthur: Das Konkurrenzverbot im neuen schweizerischen Arbeitsrecht, Diss. Bern 1974 (zit. Häfliger)

Hasenböhler, Franz: Die provisorische Verfügung nach basellandschaftlichem Zivilprozessrecht, in: BJM 1976, S. 1 ff. (zit. Hasenböhler)

Higi, Peter: Zürcher Kommentar zum ZGB, Bd. V/2/c, Art. 253–265 OR, Zürich 1994 (zit. ZK-Higi)

Hofmann, Urs: Verzicht und Vergleich im Arbeitsrecht, Bern 1985 (zit. Hofmann)

Holdermann, Bernard: Der Übergang des Arbeitsverhältnisses nach schweizerischem Recht, in: ArbR 1991, S. 41 ff. (zit. Holdermann)

Hutterli, Claus: Der leitende Angestellte im Arbeitsrecht, Bern 1982 (zit. Hutterli)

Kallenbach, Corinna: Das nachvertragliche Wettbewerbsverbot von Arbeitnehmern bei Betriebsübergang, Diss. Marburg 1997 (zit. Kallenbach)

Knus, Jürg: Betriebsübergang und Arbeitsverhältnis nach schweizerischem Recht, Diss. Zürich 1978 (zit. Knus)

Kuhn, René: Das Konkurrenzverbot im Arbeitsvertrag, Muri bei Bern 1981 (zit. Kuhn)

Kuhn, René/Koller, Gerhard L. (Hg.): Das Konkurrenzverbot, in: Aktuelles Arbeitsrecht für die betriebliche Praxis, Loseblattsammlung, Bd. 3, Zürich 1981 ff., Stand: September 1993 (zit. Kuhn/Koller)

Kuttler, Alfred: Vertragliche Konkurrenzverbote. Ihre Beurteilung nach schweizerischem und englischem Recht, Basel 1955 (zit. Kuttler)

Löwe, Helge: Der Interessenausgleich zwischen Arbeitgeber und Arbeitnehmer beim nachvertraglichen Wettbewerbsverbot, Frankfurt am Main/Bern/New York/Paris 1988 (zit. Löwe)

Marhold, Franz: Die Saldoquittung im Arbeitsverhältnis, in: ArbR 1995, S. 75 ff. (zit. Marhold)

Martens, Klaus-Peter: Konzerndimensionaler Wettbewerbsschutz, in: Festschrift für Wilhelm Herschel, München 1982, S. 237 ff. (zit. Martens)

Meier, Isaak: Grundlagen des einstweiligen Rechtsschutzes, Zürich 1983 (zit. Meier)

Müller, Jörg Paul: Grundrechte in der Schweiz, 3. A., Bern 1999 (zit. Jörg Paul Müller)

Müller, Roland A.: Die einvernehmliche Beendigung des Arbeitsverhältnisses. Schriften zum schweizerischen Arbeitsrecht Heft 33, Bern 1991 (zit. Müller)

Oser, Hugo/Schönenberger, Wilhelm: Zürcher Kommentar, Bd. V/2, Obligationenrecht, OR 184–418, 2. A., Zürich 1936 (zit. Oser/Schönenberger)

Pflüger, Fritz: Das vertragliche Konkurrenzverbot im Dienstvertrag, Diss. Bern 1949 (zit. Pflüger)

Rehberg, Jörg: Schweizerisches Strafgesetzbuch, 15. A., Zürich 1999 (zit. Rehberg)

Rehbinder, Manfred: Berner Kommentar, Bd. VI/2/2/1, Art. 319–330a OR, Bern 1985 (zit. BK-Rehbinder, Artikel)

Rehbinder, Manfred: Berner Kommentar, Bd. VI/2/2/2, Art. 331–355 OR, Bern 1992 (zit. BK-Rehbinder, Artikel)

Rehbinder, Manfred: Gegenstand und Voraussetzungen des vertraglichen Konkurrenzverbots im Arbeitsrecht, in: Mélanges Alexandre Berenstein, Lausanne 1989, S. 285 ff. (zit. Rehbinder, Mélanges A. Berenstein)

Rehbinder, Manfred: Schranken und Wegfall des Konkurrenzverbots im Arbeitsrecht, in: ArbR 1989, S. 87 ff. (zit. Rehbinder, Schranken und Wegfall des Konkurrenzverbots)

Rehbinder, Manfred: Schweizerisches Arbeitsrecht, 14. A., Bern 1999 (zit. Rehbinder, Arbeitsrecht)

Reinfeld, Roland: Das nachvertragliche Wettbewerbsverbot im Arbeits- und Wirtschaftsrecht, Heidelberg 1993 (zit. Reinfeld)

Renz, Hugo: Die Saldoquittung und das Verzichtsverbot im schweizerischen Arbeitsrecht, Diss. Zürich 1979 (zit. Renz)

Rieble, Volker: Die Vertragsstrafe, §§ 336–345, in: Julius von Staudingers Kommentar zum Bürgerlichen Gesetzbuch, §§ 328–361 BGB (zit. Staudinger/ Rieble)

Riemer, Hans Michael: Vertragsumgehungen sowie Umgehungen anderer rechtsgeschäftlicher Rechte und Pflichten, in: ZSR, NF 1982, Bd. I, S. 357 ff. (zit. Riemer)

Schaub, Günter: Arbeitsrechtshandbuch, 8. A., München 1996 (zit. Schaub)

Schiesser, Fridolin: Arbeitsrechtliches Konkurrenzverbot und Realexekution, in: WuR 1979, S. 254 ff. (zit. Schiesser)

Schweingruber, Edwin: Kommentar zum Arbeitsvertrag des Schweizerischen Obligationenrechts, 2. A., Bern 1976 (zit. Schweingruber)

Schweizerischer Gewerbeverband (Hg.): Der Einzelarbeitsvertrag im Obligationenrecht, Zürich 1991 (zit. GewV)

Schweizerischer Gewerkschaftsbund (Hg.): Christiane Brunner/Jean-Michel Bühler/Jean-Bernard Waeber, Kommentar zum Arbeitsrecht, Bern 1990, (zit. Brunner/Bühler/Waeber)

Schweizerischer Verband der Immobilien-Treuhänder (Hg.): Kommentar zum Schweizerischen Mietrecht, 2. A., Zürich 1998 (zit. SVIT-Kommentar)

Staehelin, Adrian/Vischer, Frank: Zürcher Kommentar zum ZGB, Bd. V/2/c, Art. 319–362 OR, Zürich 1996 (zit. ZK-Staehelin)

Streiff, Ullin/von Kaenel, Adrian: Arbeitsvertrag. Leitfaden zum Arbeitsvertragsrecht, 5. A., Zürich 1992 (zit. Streiff/von Kaenel)

Trechsel, Stefan: Schweizerisches Strafgesetzbuch, Kurzkommentar, 2. A., Zürich 1999 (zit. Trechsel)

Tschäni, Rudolf: Art. 175-183 OR, in: Heinrich Honsell/Nedim Peter Vogt/ Wolfgang Wiegand (Hg.), Kommentar zum schweizerischen Privatrecht, Obligationenrecht I, Art. 1-529 OR, Basel/Frankfurt am Main 1994 (zit. Tschäni)

Vischer, Frank: Der Arbeitsvertrag, 2. A., Basel/Frankfurt am Main 1994 (zit. Vischer)

Vogel, Oscar: Grundriss des Zivilprozessrechts, 6. A., Bern 1999 (zit. Vogel)

Vogel, Oscar: Probleme des vorsorglichen Rechtsschutzes, in: SJZ 76 (1980) S. 89 ff. (zit. Vogel-SJZ)

von Staudinger, Julius: Kommentar zum Bürgerlichen Gesetzbuch mit Einführungsgesetz und Nebengesetzen, §§ 328–361 BGB, 13. A., Berlin 1995 (zit. Staudinger/Bearbeiter)

von Tuhr, Andreas/Escher, Arnold: Allgemeiner Teil des schweizerischen Obligationenrechts, Bd. II, 3. A., Zürich 1974 (zit. von Tuhr/Escher)

Walder, Hans Ulrich: Zivilprozessrecht, 4. A., Zürich 1996 (zit. Walder)

Wirz, Martin: Die Nachwirkungen des Arbeitsverhältnisses, Diss. Basel 1979 (zit. Wirz)

Abkürzungsverzeichnis

A.	Auflage
a.A.	anderer Ansicht
a.a.O.	am angegeben Ort
Abs.	Absatz
a.E.	am Ende
a.M.	anderer Meinung
AG	Kanton Aargau; Aktiengesellschaft
AGer	Arbeitsgericht
AGer ZH	Unveröffentlichte Entscheide des Arbeitsgerichtes Zürich
AJP	Aktuelle Juristische Praxis (Zeitschrift)
altBV	Bundesverfassung der Schweizerischen Eidgenossenschaft vom 29. Mai 1978 (SR 101)
AmtlBull NR	Amtliches (stenographisches) Bulletin der Bundesversammlung, Nationalrat
AmtlBull SR	Amtliches (stenographisches) Bulletin der Bundesversammlung, Ständerat
AmtsGer	Amtsgericht
Anm.	Anmerkung, Fussnote
aOR	alte Fassung des Obligationenrechts
AppGer	Appellationsgericht(shof)
AR	Kanton Appenzell-Ausserrhoden
ArbR	Mitteilungen des Instituts für schweizerisches Arbeitsrecht (Zeitschrift)
Art.	Artikel
AS	(Amtliche) Sammlung der eidgenössischen Gesetze
BAG	(deutsches) Bundesarbeitsgericht
BAGE	Entscheidsammlung des Bundesarbeitsgerichts
BB	Bundesbeschluss
BBl	Bundesblatt
Bd.	Band
BE	Stadt und Kanton Bern
BezGer	Bezirksgericht
BG	Bundesgesetz

BGB	(deutsches) Bürgerliches Gesetzbuch vom 18. August 1896
BGE	Amtliche Sammlung der Entscheidungen des Bundesgerichts
BGer	Bundesgericht
BGH	(deutscher) Bundesgerichtshof
BJM	Basler Juristische Mitteilungen (Zeitschrift)
BK	Berner Kommentar
BL	Kanton Basel-Landschaft
Botschaft	Botschaft des BR an die Bundesversammlung zum Entwurf eines BG über die Revision des Zehnten Titels und des Zehnten Titels^{bis} des Obligationenrechts (Der Arbeitsvertrag) vom 25. August 1967 (BBl 1967 II, S. 241 ff.)
Botschaft FusG	Botschaft des BR an die Bundesversammlung zum Entwurf eines BG über die Fusion, Spaltung, Umwandlung und Vermögensübertragung vom 13. Juni 2000
BR	Bundesrat
BS	Stadt und Kanton Basel-Stadt
BV	Bundesverfassung der Schweizerischen Eidgenossenschaft vom 18. April 1999 (SR 101)
bzw.	beziehungsweise
ders.	derselbe
d.h.	das heisst
Diss.	Dissertation
E.	Erwägung
ebd.	ebenda
f./ff.	und folgende (Seite/Seiten)
Fn	Fussnote
FR	Stadt und Kanton Freiburg
FS	Festschrift, Festgabe
FusG	Bundesgesetz über die Fusion, Spaltung, Umwandlung und Vermögensübertragung vom 13. Juni 2000
GAV	Gesamtarbeitsvertrag
GewGer	Gewerbegericht
GewV	Gewerbeverband
GL	Kanton Glarus
gl.M.	gleicher Meinung

GmbH	Gesellschaft mit beschränkter Haftung
GR	Kanton Graubünden
Hg.	Herausgeber
HGer	Handelsgericht
i.S.v.	im Sinne von
i.V.m.	in Verbindung mit
IPRG	Bundesgesetz über das internationale Privatrecht vom 18. Dezember 1987 (SR 291)
JAR	Jahrbuch des Schweizerischen Arbeitsrechts
JT	Journal des Tribunaux
KassGer	Kassationsgericht
KGer	Kantonsgericht
lit.	litera (Buchstabe)
LU	Stadt und Kanton Luzern
m.w.H.	mit weiteren Hinweisen
N	Note, Randnote
NE	Stadt und Kanton Neuenburg
NF	Neue Fassung
NR	Nationalrat
Nr.	Nummer
NZZ	Neuer Zürcher Zeitung
OG	Bundesgesetz über die Organisation der Bundesrechtspflege vom 16. Dezember 1943 (SR 173.110)
OGer	Obergericht
OR	Bundesgesetz betreffend die Ergänzung des Schweizerischen Zivilgesetzbuches (Fünfter Teil: Obligationenrecht) vom 30. März 1911 (SR 202)
OW	Kanton Obwalden
PKG	Praxis des Kantonsgerichts Graubünden
plädoyer	plädoyer, Magazin für Recht und Politik
Pra	Die Praxis des Bundesgerichts
recht	recht (Zeitschrift für juristische Ausbildung und Praxis)
Rz.	Randziffer
S.	Seite
SchKG	Bundesgesetz über Schuldbetreibung und Konkurs
SG	Stadt und Kanton St. Gallen
SGB	Schweizerischer Gewerkschaftsbund
SJZ	Schweizerische Juristen-Zeitung
SO	Stadt und Kanton Solothurn

sog.	sogenannt
SPR	Schweizerisches Privatrecht
SR	Systematische Sammlung des Bundesrechts
StGB	Schweizerisches Strafgesetzbuch vom 21. Dezember 1937 (SR 311.0)
StR	Ständerat
TG	Kanton Thurgau
TI	Kanton Tessin
u.a.	unter anderem
UWG	Bundesgesetz gegen den unlauteren Wettbewerb vom 19. Dezember 1986 (SR 241)
v.a.	vor allem
VD	Kanton Waadt
VE FusG	Vorentwurf zum Fusionsgesetz
VerwGer	Verwaltungsgericht
vgl.	vergleiche
VO	Verordnung
Vorbem.	Vorbemerkung(en)
VS	Kanton Wallis
WuR	Zeitschrift für Wirtschaft und Recht
z.B.	zum Beispiel
ZG	Stadt und Kanton Zug
ZGB	Schweizerisches Zivilgesetzbuch
ZGGVP	Zuger Gerichts- und Verwaltungspraxis
Ziff.	Ziffer
zit.	zitiert
ZivGer	Zivilgericht
ZK	Zürcher Kommentar
ZPO	Zivilprozessordnung
ZR	Blätter für Zürcherische Rechtsprechung
ZSR	Zeitschrift für schweizerisches Recht

Einleitung

In der Konkurrenzverbotsabrede verpflichtet sich die belastete Partei, mit der berechtigten Person in bestimmter Hinsicht nicht in Wettbewerb zu treten. Solche Wettbewerbsbeschränkungen treten im Wirtschaftsleben in vielfältiger Weise auf und können grundsätzlich im Rahmen der Vertragsfreiheit unbeschränkt vereinbart werden. Sie stehen aber im Widerspruch zum Grundsatz des freien Wettbewerbs und schränken das wirtschaftliche Fortkommen der belasteten Person – insbesondere eines Arbeitnehmers – in der Regel massiv ein. Wegen der existentiellen Bedeutung freier Erwerbstätigkeit und der im Arbeitsverhältnis allgemein bestehenden Disparität der Kräfte hat der Gesetzgeber zum Schutz des Arbeitnehmers besondere Vorschriften erlassen. Nach diesen soll die Zulässigkeit arbeitsvertraglicher Konkurrenzverbote beschränkt und nur die Verwertung besonderer, beim Arbeitgeber erlangter Kenntnisse vorübergehend verboten werden können.

Dennoch sind Konkurrenzverbote in Arbeitsverträgen – vor allem, weil sie von Gesetzes wegen unentgeltlich vereinbart werden können – weit verbreitet. In gewissen Branchen und insbesondere in Zeiten herrschender Unterbeschäftigung können die Arbeitgeber ihre stärkere Stellung ausnutzen und Konkurrenzverbote in die Arbeitsverträge aufnehmen. Meist werden diese Verbote zur Abschreckung der Arbeitnehmer zusätzlich mit sehr hohen Konventionalstrafen verbunden. Den an sich recht strengen gesetzlichen Vorschriften wird hingegen keine grosse Aufmerksamkeit geschenkt. Es erstaunt deshalb nicht besonders, dass die meisten der gerichtlich beurteilten Konkurrenzverbote zumindest teilweise für unzulässig erklärt worden sind. Die Normen des Arbeitsrechts lassen *nicht* zu, dass jeder subalterne Angestellte – ohne besondere Kenntnisse – einem Konkurrenzverbot unterworfen und der Arbeitgeberbetrieb vor *jeglichem* Verlust bezüglich Know-how bewahrt werden kann. Konkurrenzverbote sollen nur dann vereinbart werden können, wenn vom fraglichen Arbeitnehmer auch tatsächlich eine erhebliche Schädigungsgefahr ausgeht. Erweist sich ein Konkurrenzverbot als zulässig, so soll dem Arbeitgeber auch zur Durchsetzung bzw. zur Geltendmachung seiner Schadenersatzansprüche verholfen werden.

Das Ziel dieser Arbeit ist, den Meinungsstand in Rechtsprechung und Lehre darzustellen, diesen einer kritischen Würdigung zu unterziehen und im Hinblick auf die besondere Interessenlage sachgerechte Lösungen zu erarbeiten. Der Schwerpunkt der Untersuchung wird dabei auf die Anwendung der einzelnen gesetzlichen Voraussetzungen gelegt. Konkurrenzverbote in anderen Verträgen und rechtshistorische Aspekte werden weitgehend ausgeklammert. Wegen der besonderen Bedeutung erstinstanzlicher Entscheide im Bereich des Arbeitsrechts stützt sich die Arbeit unter anderem auch auf eine Vielzahl nicht publizierter Entscheide des Arbeitsgerichtes Zürich.

Die Arbeit gliedert sich in sechs Abschnitte: Im ersten Abschnitt ist das Wesen des arbeitsvertraglichen Konkurrenzverbots kurz darzulegen und der Anwendungsbereich der einschlägigen Bestimmungen aufzuzeigen. Die folgenden drei Abschnitte befassen sich detailliert mit den einzelnen Voraussetzungen in formeller und materieller Hinsicht, und im fünften Abschnitt werden die verschiedenen Tatbestände, die zum Wegfall des Konkurrenzverbots führen, behandelt. Im sechsten und letzten Abschnitt sind schliesslich die Folgen der Übertretung des Verbots zu untersuchen.

1. Abschnitt: Grundlagen

Als Erstes gilt es, kurz das Wesen des arbeitsvertraglichen Konkurrenzverbots darzulegen und die damit verbundenen Interessengegensätze aufzuzeigen[1]. Dabei ist unter anderem auf die Abgrenzung zu anderen Rechtsinstituten, die ebenfalls an den Begriff des Wettbewerbs oder des Geheimnisschutzes anknüpfen, einzugehen. Insbesondere gilt es zu prüfen, wieweit dank dieser Institute bereits ein dem nachvertraglichen Konkurrenzverbot vergleichbarer Schutz besteht. In Betracht kommen etwa die allgemeine arbeitsrechtliche Treuepflicht[2], die Bestimmungen des Bundesgesetzes über den unlauteren Wettbewerb und der Tatbestand des Geheimnisverrats des Strafgesetzbuches[3].

§ 1 Wesen und Abgrenzung des Konkurrenzverbots

A. Wesen des Konkurrenzverbots

Als arbeitsvertragliches Konkurrenzverbot ist grundsätzlich jede Vereinbarung zwischen Arbeitgeber und Arbeitnehmer zu qualifizieren, worin sich der Arbeitnehmer verpflichtet, nach Beendigung des Arbeitsverhältnisses mit dem Arbeitgeber in bestimmter Hinsicht nicht in Wettbewerb zu treten. Dem arbeitsvertraglichen Konkurrenzverbot sind alle rechtlichen und tatsächlichen Konstruktionen gleichgestellt, die in ihren Wirkungen einem Konkurrenzverbot gleichkommen oder mit denen die Umgehung der einschlägigen Bestimmungen bezweckt wird. Vereinbaren die Parteien beispielsweise, dass der Bonusanspruch eines Angestellten entfallen solle, falls er ohne Einwilligung der Geschäftsleitung zur Konkurrenz wechselt, so entspricht diese Abrede in ihren Wirkungen einem Konkurrenzverbot und hat somit den strengen Voraussetzungen der Art. 340 ff. OR zu genügen[4].

Mit der Konkurrenzverbotsabrede soll grundsätzlich vermieden werden, dass der Arbeitgeber durch den ehemaligen Arbeitnehmer unter Ausnutzung

---

1 Die in der deutschen Literatur verwendete Bezeichnung „Wettbewerbsverbot“ wird in dieser Arbeit als Synonym für das schweizerische „Konkurrenzverbot“ verwendet.

2 Art. 321a OR.

3 Art. 162 StGB.

4 Sogenannte „Bad leaver“-Klausel (AGer ZH, 30.10.1998).

bestimmter bei ihm erworbener Kenntnisse geschädigt werden könnte[5]. Entsprechend ist der Arbeitgeber an einer möglichst umfassenden Schutzwirkung des Konkurrenzverbots interessiert. Diesem Interesse des Arbeitgebers steht aber dasjenige des Arbeitnehmers an einer uneingeschränkten beruflichen Entfaltungsfreiheit diametral entgegen. Die Beschränkung einer Partei in ihrer Wettbewerbsfreiheit steht auch ausserhalb des Arbeitsrechts im Widerspruch zur in Art. 27 BV gewährleisteten Wirtschaftsfreiheit[6] und zur persönlichen Freiheit[7]. Denn obwohl den verfassungsmässigen Freiheitsrechten grundsätzlich nur Abwehrfunktion gegenüber dem Staat zukommt[8], leitet das Bundesgericht daraus ab, dass die schweizerische Wirtschaft auf dem Prinzip des freien Wettbewerbs beruhe und auch durch private Abmachungen nicht völlig ausgeschaltet werden dürfe[9]. Die Freiheitsrechte finden deshalb auch im Privatrecht ihre Parallelen, nämlich in den Art. 27 f. ZGB[10]. Die Berufswahlfreiheit des Arbeitnehmers darf also bereits aufgrund dieser verfassungsrechtlichen Garantien nicht unverhältnismässig eingeschränkt werden[11]. Das Arbeitsrecht enthält nun aber - wegen der den Arbeitsverhältnissen immanenten wirtschaftlichen und sozialen Ungleichheit der Vertragsparteien – zum Schutz des Arbeitnehmers strenge Sondernormen[12]. Danach sind Konkurrenzverbote nur unter besonderen Voraussetzungen zulässig[13]. Und wegen der existentiellen Bedeutung einer uneingeschränkten Berufswahlfreiheit des Arbeitnehmers untersagt Art. 340a OR nicht erst die *gänzliche Aufhebung* der wirtschaftlichen Entscheidungsfreiheit, sondern bereits eine *unbillige Erschwerung* des wirtschaftlichen Fortkommens[14]. Die arbeitsrechtliche Regelung versucht damit einen Ausgleich zwischen dem Interesse des Arbeitgebers an einem möglichst weitgehenden Schutz seiner Betriebsgeheimnisse und demjenigen des Arbeitnehmers an einer uneingeschränkten wirtschaftlichen Entfaltungsmöglichkeit zu schaffen[15].

---

5 BK-Rehbinder, Art. 340 OR N 1.

6 Nach der alten Bundesverfassung die Handels- und Gewerbefreiheit (Art. 31 altBV).

7 Der Begriff der persönlichen Freiheit wird in der neuen BV nicht mehr im bisherigen umfassenden Umfang verwendet. Nach Jörg Paul Müller, S. 10, soll deshalb neu der Begriff „Persönlichkeitsschutz des Verfassungsrechts" eingeführt werden; vgl. zum Ganzen Häfelin/Haller, Supplement, Rz. 1152 ff.

8 Vgl. Häfelin/Haller, Rz. 1090 ff. (Problematik der direkten und indirekten Drittwirkung).

9 BGE 82 II 302, 86 II 376; Häfliger, S. 18; Bohny, S. 36.

10 Häfliger, S. 18.

11 Vgl. Häfelin/Haller, Rz. 1379, 1386 ff.

12 BGE 95 II 535; kritisiert in BK-Bucher, Art. 27 ZGB N 383. Siehe sogleich S. 17 ff.

13 Siehe dazu S. 17 ff.

14 BGE 43 II 662, 95 II 535; vgl. auch Häfliger, S. 19 f.

15 ZK-Staehelin, Art. 340 OR N1; Häfliger, S. 13.

Das Konkurrenzverbot der Art. 340 ff. OR entfaltet seine Wirkungen immer erst nach Beendigung des Arbeitsverhältnisses, nicht aber bereits während dessen Dauer[16]. Entsprechend fällt eine konkurrierende Tätigkeit des Arbeitnehmers während des Arbeitsverhältnisses auch nicht unter die Art. 340 ff. OR, sondern ist allenfalls als Verstoss gegen die in Art. 321a OR statuierte Treuepflicht zu qualifizieren[17]. Art. 321a OR verpflichtet den Arbeitnehmer aber nicht nur während des Arbeitsverhältnisses zur Treue, sondern hat auch noch nach dessen Beendigung seine Wirkung.

B. Konkurrenzverbot und Treuepflicht nach Art. 321a OR

I. Wirkungsbereich und Geheimnisbegriff

Die allgemeine Treuepflicht von Art. 321a OR auferlegt dem Arbeitnehmer während der Dauer des Arbeitsverhältnisses sowohl eine umfassende Geheimhaltungspflicht als auch ein weitreichendes Konkurrenzverbot[18]. Unter den Geheimnisbegriff von Art. 321a OR fällt während dieser Zeit grundsätzlich alles, was der Arbeitgeber geheimgehalten wissen will[19]. Nach Beendigung des Arbeitsverhältnisses lockert sich die Geheimhaltungspflicht hingegen auf und besteht zwar zeitlich unbeschränkt[20], aber nur noch insoweit fort, als sie zur Wahrung *berechtigter Interessen* des Arbeitgebers erforderlich ist[21]. Der Geheimnisbegriff des nachvertraglichen Konkurrenzverbots hingegen ist von Anfang an auf den Kundenkreis sowie auf Fabrikations- und Geschäftsgeheimnisse beschränkt[22], und das Verbot darf nur unter besonderen Umständen länger als drei Jahre dauern[23]. Nur wenn der Arbeitgeber sein *erhebliches*

---

16 BK-Rehbinder, Art. 340 OR N 5.

17 ZK-Staehelin, Art. 321a OR N 49.

18 Hierunter fällt grundsätzlich auch eine konkurrierende Tätigkeit bei Teilzeitarbeit (AmtsGer LU, JAR 1997, S. 113; Bohny, S. 55; ZK-Staehelin, Art. 321a OR N 53; BK-Rehbinder, Art. 319 OR N 29, Art. 321a OR N 5; ebenso, aber mit Einschränkungen, Streiff/von Kaenel, Art. 321a OR N 10). Für das aus Art. 321a OR fliessende Konkurrenzverbot gelten aber keine mit Art. 340 OR vergleichbaren Gültigkeitserfordernisse (AmtsGer LU, JAR 1997, S. 114).

19 Botschaft, S. 302; BK-Rehbinder, Art. 340 OR N 4. Darunter fallen zum Beispiel auch die persönlichen oder finanziellen Verhältnisse des Arbeitgebers oder der Mitarbeiter; einschränkend aber Wirz, S. 73 f.

20 Vgl. die Kritik bei BK-Rehbinder, Art. 321a OR N 14.

21 Botschaft, S. 302; Wirz, S. 72 f.

22 Art. 340 Abs. 2 OR; vgl. unten S. 27 ff.

23 Art. 340a Abs. 1 OR.

Interesse am Konkurrenzverbot verlieren sollte, fällt es vor Ablauf der vereinbarten Dauer dahin[24]. Obwohl die Verschwiegenheitspflicht von Art. 321a OR auch nach Beendigung des Arbeitsverhältnisses den Kreis der geheimzuhaltenden Tatsachen sehr viel weiter zieht als das nachvertragliche Konkurrenzverbot, bietet letzteres dem Arbeitgeber trotzdem stärkeren Schutz, weil es nach Beendigung des Arbeitsverhältnisses bereits jegliche konkurrierende Tätigkeit untersagt. Zwar verbietet auch die aus Art. 321a OR fliessende Verschwiegenheitspflicht nach Auflösung des Arbeitsvertrages weiterhin die Mitteilung geheimzuhaltender Tatsachen, vermag aber deren *Verwertung* durch konkurrenzierende Tätigkeit als solche nicht zu verhindern[25]. Ohne nachvertragliches Konkurrenzverbot muss der Arbeitgeber also trotz Art. 321a OR damit rechnen, dass der Arbeitnehmer nach Auflösung des Arbeitsverhältnisses einer ihn konkurrierenden Tätigkeit nachgehen wird[26]. Immerhin kann die Verschwiegenheitspflicht von Art. 321a OR aufgrund ihres dispositiven Charakters dem nachvertraglichen Konkurrenzverbot angenähert werden[27].

II. Beweislast und Sanktionen bei Verletzung

Im Fall einer Verletzungshandlung liegt die Beweislast für den Arbeitgeber beim nachvertraglichen Konkurrenzverbot weit günstiger als bei der allgemeinen Geheimhaltungspflicht[28]. Während er bei der allgemeinen Geheimhaltungspflicht ihren Weiterbestand trotz Beendigung des Arbeitsverhältnisses und den konkreten Verrat von Geheimnissen beweisen muss, genügt beim nachvertraglichen Konkurrenzverbot bereits der Nachweis der Verbotsübertretung an sich. Der Arbeitnehmer kann sich dann zwar noch auf den Wegfall des Konkurrenzverbots nach Art. 340c OR berufen, muss aber dazu die Grün-

---

24 Der Begriff des berechtigten Interesses von Art. 321a OR Abs. 4 ist grundsätzlich schwächer einzustufen als derjenige des erheblichen Interesses nach Art. 340c OR. Damit hat der Gesetzgeber die Anforderungen an die beweisbelastete Partei jeweils abgeschwächt. So muss der Arbeitgeber nicht etwa ein erhebliches Interesse am Weiterbestand der Verschwiegenheit nachweisen, sondern lediglich ein berechtigtes, und andererseits ist der Arbeitnehmer bereits dann vom Konkurrenzverbot befreit, wenn er nachweist, dass der Arbeitgeber kein erhebliches Interesse an der Aufrechterhaltung mehr hat.

25 Botschaft, S. 302; so auch BAG, Urteil vom 15. Juni 1993; BK-Rehbinder, Art. 340 OR N 4; Frank Emmel, in: NZZ, Nr. 63 vom 15. März 2000, S. 79.

26 BK-Rehbinder, Art. 340 OR N 4; Häfliger, S. 16; Wirz, S. 76.

27 Geiser, S. 219 ff.; BK-Rehbinder, Art. 321a OR N 15; Bohny, S. 54.

28 BK-Rehbinder, Art. 340 OR N 4.

de im einzelnen nachweisen[29]. Was die Sanktionen bei einer Verbotsübertretung betrifft, gilt es noch folgendes zu bemerken: Verstösst der Arbeitnehmer *nach* Auflösung des Arbeitsverhältnisses gegen die gesetzliche Geheimhaltungspflicht von Art. 321a OR, so bleibt der Arbeitgeber auf Schadenersatz nach Art. 28 ZGB i.V.m. Art. 41 OR verwiesen[30]. Verletzt der Arbeitnehmer aber ein vertraglich vereinbartes Konkurrenzverbot, so hat der Arbeitgeber grundsätzlich auch Anspruch auf vertraglichen Schadenersatz, eventuell auf eine Konventionalstrafe und Ersatz des weiteren Schadens; unter Umständen kann er sogar die Unterlassung der konkurrierenden Tätigkeit verlangen (Art. 340b OR)[31].

Als Zwischenergebnis ist demnach festzuhalten, dass der Arbeitgeber nach Beendigung des Arbeitsverhältnisses durch die gesetzliche Treuepflicht von Art. 321a OR allein nicht genügend gegen konkurrierende Tätigkeiten ehemaliger Arbeitnehmer geschützt ist. Nun fragt sich weiter, ob allenfalls durch die Bestimmungen des UWG bereits ein mit dem arbeitsrechtlichen Konkurrenzverbot vergleichbarer Schutz besteht.

C. Konkurrenzverbot und UWG

Das arbeitsvertragliche Konkurrenzverbot unterscheidet sich von den Regeln des Bundesgesetzes gegen den unlauteren Wettbewerb hauptsächlich dadurch, dass das Konkurrenzverbot eine Tätigkeit untersagt, die nach den allgemeinen Rechtsgrundsätzen an sich erlaubt wäre[32]. Das UWG bezweckt hingegen, den lauteren und unverfälschten Wettbewerb im Interesse aller Beteiligten zu gewährleisten[33], wendet sich also gegen einen Missbrauch des Wettbewerbs[34]. Unlauter im Sinne des Gesetzes ist grundsätzlich jedes täuschende oder in anderer Weise gegen den Grundsatz von Treu und Glauben verstossende Verhalten oder Geschäftsgebaren, welches das Verhältnis zwischen Mitbewerbern oder zwischen Anbietern und Abnehmern beeinflusst[35].

---

29 BK-Rehbinder, Art. 340 OR N 4; Bohny, S. 60. Siehe dazu unten S. 65 ff.
30 Häfliger, S. 16.
31 Vgl. zum Ganzen S. 116 ff.; Häfliger, S. 16.
32 Häfliger, S. 20.
33 Art. 1 UWG.
34 Häfliger, S. 20.
35 Art. 2 UWG. Der Arbeitnehmer kann die Regeln des UWG nur dann verletzen, wenn er nach Beendigung des Arbeitsvertrages selbst ein Konkurrenzgeschäft eröffnet, nicht aber, wenn er bloss als Angestellter in ein solches Eintritt. Denn das UWG erfasst nur solche Personen, die zueinander auch in einem Wettbewerbsverhältnis ste-

In Konkretisierung dieser Generalklausel handelt nach Art. 4 lit. c UWG unlauter, wer Arbeitnehmer, Beauftragte oder andere Hilfspersonen zum Verrat oder zur Auskundschaftung von Fabrikations- oder Geschäftsgeheimnissen ihres Arbeitgebers oder Auftraggebers verleitet, und nach Art. 6 UWG handelt unlauter, wer Fabrikations- oder Geschäftsgeheimnisse, die er ausgekundschaftet oder sonstwie unrechtmässig erfahren hat, verwertet oder anderen mitteilt. Sanktioniert wird der unlautere Wettbewerb mit Schadenersatzansprüchen, Beseitigungsansprüchen und Strafmassnahmen[36].

Bereits aus diesen allgemeinen Ausführungen geht hervor, dass die Bestimmungen des UWG kein nachvertragliches Konkurrenzverbot im umfassenden Sinne bringen können, sondern nur auf den Schutz von Fabrikations- und Geschäftsgeheimnissen beschränkt bleiben[37]. Doch auch diese Geheimnisse werden nur gegen Verrat durch den Arbeitnehmer während des Arbeitsverhältnisses geschützt und gegen eine anderweitige Verwertung nur dann, wenn sie unbefugt erlangt worden sind[38]. Das UWG schafft also grundsätzlich keinen stärkeren Geheimnisschutz, als er durch die nachvertragliche Treuepflicht[39] gewährleistet ist[40]. Mithin vermag es die *Verwertung* der während des Arbeitsverhältnisses *befugt* erlangten Kenntnisse und Erfahrungen *nach* Ablauf des Dienstverhältnisses gerade nicht zu verhindern[41]. Was die prozessualen Nachteile betrifft, so kann auf die oben gemachten Ausführungen zur nachvertraglichen Treuepflicht verwiesen werden[42].

D. Konkurrenzverbot und Art. 162 StGB

Schliesslich kann bereits vorweggenommen werden, dass auch durch die strafrechtlichen Bestimmungen kein dem arbeitsvertraglichen Konkurrenzverbot vergleichbarer Schutz vor Konkurrenztätigkeit besteht. Das Strafgesetzbuch sanktioniert nämlich ebenfalls nur den widerrechtlichen Verrat

---

hen. Der unselbständig erwerbstätige Arbeitnehmer ist aber nur mittelbar durch seinen neuen Arbeitgeber am Wettbewerb beteiligt (Häfliger, S. 21).

36 Art. 23 ff. UWG; Bohny, S. 23.

37 Vgl. Buchner, Rz. A 28.

38 UWG 6; vgl. auch Buchner, Rz. A 28.

39 Ein Wettbewerb, der auf einer Missachtung der gesetzlichen Schweigepflicht nach Art. 321a OR beruht, ist immer missbräuchlich (BGE 77 II 266; vgl. Häfliger, S. 21).

40 Buchner, Rz. A 29.

41 Buchner, Rz. A 28.

42 Siehe oben S. 6 f.

oder die Ausnützung von Geschäfts- und Fabrikationsgeheimnissen[43]. Im Gegensatz zu den Bestimmungen des UWG ist hingegen kein Wettbewerbsverhältnis zwischen den Parteien vorausgesetzt.

Zusammenfassend ist demnach festzuhalten, dass der Arbeitgeber weder durch die gesetzliche Treuepflicht von Art. 321a OR noch durch die Bestimmungen des UWG, noch durch das Strafgesetzbuch hinreichend gegen konkurrierende Tätigkeiten nach Beendigung des Arbeitsverhältnisses geschützt ist, sondern für einen „umfassenden" nachvertraglichen Wettbewerbsschutz auf die Vereinbarung einer speziellen Konkurrenzverbotsabrede verwiesen ist. Arbeitsrechtliche Konkurrenzverbote unterliegen aber – wie gesagt – den einschränkenden Sondernormen der Art. 340 ff. OR.

§ 2 Anwendungsbereich der Art. 340 ff. OR

Die Anwendbarkeit der arbeitsrechtlichen Bestimmungen über das Konkurrenzverbot setzt ganz grundsätzlich einen gültigen Einzelarbeitsvertrag voraus[44]. Entscheidend ist also einerseits, dass der fragliche Vertrag überhaupt als Arbeitsvertrag zu qualifizieren ist, und andererseits, dass bei der Vereinbarung einer Konkurrenzverbotsabrede entweder bereits ein gültiger Arbeitsvertrag vorliegt oder dass ein solcher gleichzeitig abgeschlossen wird[45]. Auf die Schwierigkeiten der Qualifikation eines Vertrages als Einzelarbeitsvertrag soll hier nicht weiter eingegangen werden; es kann auf die einschlägige Literatur verwiesen werden[46]. Hingegen ist der Frage nachzugehen, welche Auswirkungen der Abschluss der Konkurrenzverbotsabrede vor, während und nach dem Bestand des Arbeitsverhältnisses auf die Verbindlichkeit der Konkurrenzklausel bzw. auf die Anwendbarkeit der arbeitsrechtlichen Sondernormen hat.

---

43 Nach Art. 162 StGB wird auf Antrag mit Gefängnis oder Busse bestraft, wer ein Fabrikations- oder Geschäftsgeheimnis, das er infolge einer gesetzlichen oder vertraglichen Pflicht bewahren sollte, verrät, oder wer den Verrat für sich oder einen anderen ausnützt. Als gesetzliche Pflichten kommen vorab Art. 321a OR für den Arbeitsvertrag und Art. 730 OR für Verwaltungsräte und Revisoren in Betracht (vgl. auch Rehberg, S. 234; Trechsel, Art. 162 StGB N 1 ff.).

44 Vgl. statt vieler ZK-Staehelin, Art. 340 OR N 4.

45 Die Konkurrenzverbotsabrede ist aber rechtlich gesehen auch bei einer späteren Vereinbarung immer Bestandteil des eigentlichen Arbeitsvertrages und nicht als selbständiger Vertrag zu behandeln (BK-Becker, Art. 356 OR N 1; Rehbinder, Arbeitsrecht, § 12 Rz. 164).

46 Vgl. statt vieler Rehbinder, Arbeitsrecht, § 7 Rz. 20; Vischer, S. 28 ff.

A. Zeitpunkt der Vereinbarung der Konkurrenzverbotsabrede

I. Vor Abschluss des Arbeitsvertrages

Vereinbaren die späteren Parteien des Arbeitsvertrages noch vor Abschluss desselben ein Konkurrenzverbot, so finden die Bestimmungen der Art. 340 ff. OR grundsätzlich keine Anwendung. Stehen aber die Vereinbarung des Konkurrenzverbots und der Abschluss des Arbeitsvertrages in einem gewissen zeitlichen und sachlichen Zusammenhang, so stellt sich unweigerlich die Frage nach dem Tatbestand der Gesetzesumgehung. Dieser ist erfüllt, wenn zwar der Wortlaut einer zwingenden Rechtsnorm beachtet wird, jedoch gegen ihren Sinn und Zweck verstossen wird[47]. Die Umgehung muss immer auf einer entsprechenden Absicht oder zumindest Eventualabsicht der Beteiligten beruhen, und die Umgehungsabsicht ihrerseits ist aufgrund des objektiv nach aussen tretenden Handelns und des Ausmasses seiner tatsächlichen Nähe zur verdachtsweise umgangenen Norm zu beurteilen[48]. Die Umgehungshandlungen erscheinen dabei häufig als „künstliche“ Vorgänge, als solche also, die vernünftigerweise keinen anderen Grund als die Umgehungsabsicht bzw. die Umgehung haben können[49]. Die Umgehung liegt hier in der Vereitelung der Anwendbarkeit der zwingenden oder zumindest teilzwingenden Bestimmungen über das arbeitsvertragliche Konkurrenzverbot[50]. Sind die Voraussetzungen im Einzelfall zu bejahen, so ist die Umgehung durch extensive Auslegung der umgangenen Vorschrift oder durch analoge Anwendung derselben zu vereiteln[51].

II. Während der ordentlichen Dauer des Arbeitsvertrages

Vereinbaren die Parteien das Konkurrenzverbot nach Abschluss des Arbeitsvertrages und spätestens bis zum Ausscheiden des Arbeitnehmers aus dem Arbeitsverhältnis, so sind die Schutzvorschriften von Art. 340 ff. OR un-

---

47 Riemer, S. 357 und 359; BGE 107 II 445; Hofmann, S. 190.
48 Riemer, S. 360.
49 Riemer, S. 361.
50 Art. 361 und Art. 362 OR.
51 Riemer, S. 358.

zweifelhaft anwendbar[52]. Wird das Konkurrenzverbot erst später vereinbart, so kann es von diesen Bestimmungen grundsätzlich nicht mehr erfasst werden[53]. Doch stellt sich dann die Frage, ob allenfalls durch eine analoge Anwendung der Art. 341 OR der Schutzbereich der arbeitsrechtlichen Normen erweitert werden kann[54].

III. Nach Beendigung des Arbeitsvertrages

1. Ausgangslage

Nach dem Wortlaut von Art. 341 OR kann der Arbeitnehmer während der Dauer des Arbeitsverhältnisses und eines Monats nach dessen Beendigung auf *Forderungen,* die sich aus unabdingbaren Vorschriften des Gesetzes[55] oder aus unabdingbaren Bestimmungen eines Gesamtarbeitsvertrages ergeben, nicht verzichten. Mit dieser Bestimmung soll – entsprechend dem Ziel des Arbeitsrechts, die schwächere Vertragspartei zu schützen – der Arbeitnehmer vor einem Verlust derjenigen Ansprüche bewahrt werden, die ihm kraft zwingenden Rechts zustehen[56]. Aus der Formulierung des Gesetzes lässt sich die Frage des genauen Umfangs des Verzichtsverbots nicht direkt beantworten. Weitgehend geklärt ist immerhin die Frage, ob damit nur gesetzliche Ansprüche aus dem Arbeitsvertrag oder alle zwingenden Ansprüche gegenüber dem Arbeitgeber gemeint sind[57]. Nach herrschender Ansicht ist der Schutzbereich von Art. 341 OR nämlich auf arbeitsrechtliche Ansprüche zu beschränken[58]. Unklar ist aber die (analoge) Anwendbarkeit von Art. 341 Abs. 1 auf Gestaltungsrechte, Einreden und eben auf die Vereinbarung eines nachvertraglichen Konkurrenzverbots[59]. Letztere Frage wird beispielsweise dann aktuell, wenn der Arbeitgeber nach Beendigung des Arbeitsverhältnisses vom Arbeitnehmer eine Saldoquittung unterzeichnen lässt, die ein Konkurrenzverbot enthält.

---

52 BK-Rehbinder, OR 340 N 5; ZK-Staehelin, OR 340 N 6; Bohny, in: Geiser/Münch, N 5.6. Anm. 2.

53 BK-Rehbinder, Art. 340 OR N 5.

54 Bejahend: BK-Rehbinder, Art. 340 OR N 5; ZK-Staehelin, Art. 340 OR N 6; grundsätzlich zustimmend, jedoch mit Einschränkung Streiff/von Kaenel, Art. 340a OR N 9.

55 Art. 361f. OR.

56 BK-Rehbinder, Art. 341 OR N 1.

57 Also auch Ansprüche aus einem Darlehensvertrag, Mietvertrag oder Kaufvertrag.

58 Vgl. statt vieler BK-Rehbinder, Art. 341 OR N 14; Renz, S. 126; Hofmann, S. 146.

59 BK-Rehbinder, Art. 340 OR N 5; Hofmann, S. 150.

Macht der Arbeitgeber gar die Bezahlung an sich geschuldeter Leistungen von der Unterzeichnung einer solchen Quittung abhängig, so ist das jedenfalls unsittlich, und das Konkurrenzverbot ist als Ganzes für nichtig zu erklären[60].

2. Anwendungsbereich von Art. 341 OR

Unklar ist also, was alles unter den Begriff des Forderungsverzichts im Sinne von Art. 341 OR zu subsumieren ist. Trotz der Verwendung des Forderungsbegriffes in Art. 341 OR, wird fast einhellig für eine Ausdehnung des Anwendungsbereiches eingetreten[61]. So ist nach REHBINDER Art. 341 OR seinem Sinn entsprechend auch auf Gestaltungsrechte wie z.B. das Recht zur ausserordentlichen Kündigung und auf Einreden auszudehnen. Ferner sei der Arbeitnehmer durch eine analoge Anwendung von Art. 341 Abs. 1 auch während eines Monats nach Beendigung des Arbeitsverhältnisses gegen nachteilige Konkurrenzverbotsabreden zu schützen[62]. Nach HOFMANN verlangen Sinn und Zweck des Verzichtsverbots, dass der Arbeitnehmer generell vor einem Verzicht auf *Rechte* aus unabdingbaren Bestimmungen geschützt wird. Ob es sich dabei um Forderungsrechte handle oder nicht, könne keine Rolle spielen[63]. STREIFF/VON KAENEL betrachten Konkurrenzverbote, die erst beim Austritt eingegangen werden, im Hinblick auf Art. 341 OR als nichtig, ausser bei substantieller Gegenleistung des Arbeitgebers[64]. Und auch STAEHELIN bejaht im Rahmen der Konkurrenzverbotsabreden die Schutzbedürftigkeit des Arbeitnehmers während eines Monats nach Beendigung des Arbeitsverhältnisses[65].

Einzig HÄFLIGER scheint unter Hinweis auf BGE 95 II 536 und auf OSER/SCHÖNENBERGER[66] davon auszugehen, dass ein erst nach Auflösung des Arbeitsverhältnisses abgeschlossenes Konkurrenzverbot nicht nach den Regeln der Art. 340 ff. OR, sondern nach den allgemeinen Regeln (Art. 19f. OR, Art. 27f. ZGB) zu beurteilen sei[67]. HÄFLIGER hat diese Ausführungen aber nicht im Hinblick auf die vorliegende Problematik gemacht, sondern muss

60 So AppGer BS, JAR 1982, S. 218 f.

61 BK-Rehbinder, Art. 340 OR N5 und Art. 341 OR N 14; Bohny, S. 67; Hofmann, S. 150; Streiff/von Kaenel, Art. 340a OR N 9; Vischer, S. 200 Anm. 4.

62 BK-Rehbinder, Art. 340 OR N 5 und Art. 341 OR N 14; ebenso ZK-Staehelin, Art. 341 OR N 5.

63 Hofmann, S. 150; zustimmend Vischer, S. 200 Anm. 3 und 4.

64 Streiff/von Kaenel, Art. 340a OR N 9.

65 ZK-Staehelin, Art. 340 OR N 6.

66 Oser/Schönenberger, Art. 356 OR N 5.

67 Häfliger, S. 23.

vom Fall der Vereinbarung des Konkurrenzverbots erst nach Ablauf der Monatsfrist nach Art. 341 OR ausgegangen sein. OSER/SCHÖNENBERGER bzw. die dort zitierten Bundesgerichtsentscheide hatten nämlich noch keine dem Art. 341 OR entsprechende Bestimmung zu beachten[68].

3. Lösungsansatz

Die Antwort auf die vorliegende Frage lässt sich nur anhand der ratio legis von Art. 341 OR geben[69]. Die Bestimmung von Art. 341 OR entstand aus Art. 323 Abs. 3 aOR von 1956. Dieser besagte, dass die beteiligten Arbeitnehmer auf Ansprüche aus unabdingbaren Bestimmungen eines GAV während der Dauer des Dienstverhältnisses und eines Monats nach dessen Beendigung nicht verzichten können. Mit der Revision von 1971 wurde diese Bestimmung auf die zwingenden Bestimmungen des Arbeitsvertragsrechts ausgedehnt[70]. Ausgangspunkt dafür bildete die Erkenntnis, dass die Schutzbedürftigkeit des Arbeitnehmers in der Regel über das eigentliche Ende[71] des Arbeitsverhältnisses hinaus noch während einer bestimmten Zeit weiterbesteht[72]. Die Arbeitnehmer würden oft Gefahr laufen, bei Austritt aus dem Arbeitsverhältnis sogenannte Saldoquittungen zu unterzeichnen, ohne mit den darin gemachten Erklärungen wirklich einverstanden zu sein[73]; dies aus Furcht davor, dass der Arbeitgeber auch unbestrittene Forderungen nicht ausbezahlen bzw. kein oder nur ein schlechtes Arbeitszeugnis ausstellen werde[74]. Der Gesetzgeber setzte diese Zeitspanne des erweiterten Schutzes nach längerem Hin und Her auf einen Monat fest[75].

Der Gesetzgeber hat mit der Revision im Jahre 1971 klargemacht, dass die Schutzbedürftigkeit mit dem Ende des Arbeitsverhältnisses nicht einfach

---

68 Art. 341 OR wurde erst mit der Revision von 1971 eingeführt bzw. Art. 323 Abs. 3 betreffend GAV im Jahre 1956; Botschaft, S. 402.

69 Ebenso Bohny, S. 66.

70 Vgl. dazu NR Hackhofer und Bundesrat Holenstein, in: AmtlBull NR 1956, S. 238; AmtlBull StR 1956, S. 187 und 242. Man solle sich daran stossen, dass das Verbandsrecht weiter wirken solle als eine zwingende Bestimmung des Obligationenrechts.

71 Zur Problematik, ob das Ende des Arbeitsverhältnisses stets mit dem Ende des Arbeitsvertrages zusammenfalle, vgl. Renz, S. 145.

72 So auch Marhold, S. 100.

73 AmtlBull NR 1956, S. 239; BK-Rehbinder, Art. 341 OR N 19; Marhold, S. 100; vgl. auch AppGer BS, JAR 1982, S. 218 f.

74 Siehe Anm. 73.

75 Die ursprünglich vorgeschlagene dreimonatige Frist wurde auf einen Monat reduziert; AmtlBull StR 1956, S. 242; vgl. auch Marhold, S. 100.

erlischt, sondern noch weiter andauert[76], wobei diese Abhängigkeit des Arbeitnehmers verschiedener Natur sein kann[77]. Der Arbeitnehmer soll durch Art. 341 OR gegen eine Ausbeutung dieser Abhängigkeit geschützt werden. Aus den Materialien geht indessen nicht hervor, ob der Gesetzgeber mit seiner Formulierung nur Forderungen im eigentlichen Sinne schützen wollte[78]. Naheliegender ist die Annahme, dass es *grundsätzlich* um den Schutz des Arbeitnehmers vor ungerechtfertigter Benachteiligung durch den Arbeitgeber geht, welche sich im Verlust von Forderungen am deutlichsten manifestiert. Vereinbart der Arbeitnehmer nämlich im Anschluss an das Arbeitsverhältnis ein Konkurrenzverbot, so können ihn die Folgen noch härter treffen, als wenn er auf eine klar bezifferte Forderung im eigentlichen Sinne verzichten würde[79]. Aber auch mit der Vereinbarung eines unentgeltlichen Konkurrenzverbots verzichtet der Arbeitnehmer theoretisch auf eine Forderung. Denn jedes Konkurrenzverbot hat einen eigentlichen finanziellen Wert, nämlich den Betrag, den der Arbeitgeber in einem funktionierenden Markt als Karenzentschädigung zahlen müsste, falls der Arbeitnehmer mit ihm in freien Verhandlungen stehen würde. Die unentgeltliche Vereinbarung einer Konkurrenzverbotsabrede wirkt sich also mindestens so aus, wie wenn der Arbeitnehmer auf eine Forderung im eigentlichen Sinne verzichten würde. Gerade bei der Vereinbarung eines Konkurrenzverbots ist aber die Gefahr einer Benachteiligung des Arbeitnehmers noch grösser, weil der Arbeitnehmer nicht wie bei einem Verzicht auf eine Forderung eine bestimmte Geldsumme vor Augen hat, sondern eben „nur" ein Konkurrenzverbot ohne bezifferten Wert. Es ist für ihn in dieser Situation noch schwieriger, die genauen Konsequenzen seiner Handlung abzuschätzen. Deshalb wird er sich dem Druck des Arbeitgebers wohl noch eher beugen und das Konkurrenzverbot unterzeichnen, als er auf eine äquivalente Forderung verzichten würde. Dem Ziel des Gesetzgebers und den oben gemachten Ausführungen entsprechend ist der Arbeitnehmer aber auch gegen eine solche Benachteiligung zu schützen und Art. 341 OR analog auf die Konkurrenzverbotsabrede anzuwenden.

---

76 Anders für das deutsche Recht: Grüll/Janert, S. 41; Reinfeld, S. 96; Buchner, Rz. C 140 ff.; Schaub, S. 410.

77 Renz unterscheidet zwischen persönlicher und betrieblicher sowie wirtschaftlicher und intellektueller Abhängigkeit (S. 76 ff.).

78 AmtlBull NR 1956, S. 238 ff.; AmtlBull StR 1956, S. 187 und 242; Botschaft, S. 402 f. (ohne Voten AmtlBull NR 1969, S. 852 und AmtlBull StR, 1970, S. 364); vgl. auch den Wechsel in den Formulierungen im Vorentwurf „[...] arbeitsvertraglichen Ansprüchen [...]" und nun „[...] Forderungen [...]"; vgl. auch Hofmann, S. 150.

79 Bohny, S. 66, spricht von der „elementareren Rechtsposition der beruflichen Entscheidungsfreiheit", die ebenfalls geschützt werden müsse.

Bejaht man nun die analoge Anwendbarkeit von Art. 341 OR auch auf die Vereinbarung eines Konkurrenzverbots, so stellt sich weiter die Frage nach den Rechtsfolgen. STREIFF/VON KAENEL gehen von der Nichtigkeit des Konkurrenzverbots aus, ausser bei substantieller Gegenleistung des Arbeitgebers[80]. Begründen lässt sich diese Lösung damit, dass durch die substantielle Gegenleistung des Arbeitgebers die Vereinbarung der Parteien zum Vergleich wird und damit die Nichtigkeit der Vereinbarung verhindert[81]. Eine solch strikte Rechtsfolge geht aber unter den heute geltenden Bestimmungen zu weit. Durch die analoge Anwendung von Art. 341 OR auf Konkurrenzverbotsabreden soll der Schutz des Arbeitnehmers während der fraglichen Periode bloss – aber immerhin – demjenigen während der Dauer des Arbeitsverhältnisses gleichgestellt werden, nicht aber darüber hinausgehen. Aus der Gleichstellung der Schutzbedürftigkeit ergibt sich zwangsläufig, dass die während der Monatsfrist abgeschlossene Konkurrenzverbotsabrede nicht nichtig, sondern nur den Schranken der Art. 340 ff. OR unterworfen wird. Wenn die Schutzbedürftigkeit nach Beendigung des Arbeitsverhältnisses zwar noch weiterbesteht, aber nicht grösser ist als während dessen Dauer, so müssen auch die Schutzmassnahmen der Art. 340 ff. OR ausreichen. Die Lösung von STREIFF/VON KAENEL hätte aber zur Folge, dass der Arbeitgeber zwingend eine Art Karenzentschädigung bezahlen müsste. Dies wäre zwar an sich sinnvoll und gerecht, doch hat der Gesetzgeber auch bei einer Vereinbarung des Konkurrenzverbots während der Dauer des Arbeitsverhältnisses bewusst darauf verzichtet[82]. Dieser (Fehl-)Entscheid[83] des Gesetzgebers ist auch bei einer analogen Anwendung von Art. 341 OR zu beachten.

Die arbeitsrechtlichen Schutzbestimmungen der Art. 341 ff. OR sind also grundsätzlich nur dann anwendbar, wenn zwischen den fraglichen Parteien auch ein gültiger Arbeitsvertrag besteht. Vereinbaren aber Arbeitgeber und Arbeitnehmer noch während der Monatsfrist gemäss Art. 341 OR ein Konkurrenzverbot, so fällt diese Vereinbarung trotzdem noch unter die Schutzvorschriften des Arbeitsrechts. Ausserhalb des Arbeitsrechts können Konkurrenz-

---

80 Streiff/von Kaenel, Art. 340a OR N 9, ohne genauere Begründung.

81 Vgl. Renz, S. 148 f.; BGE 106 II 223.

82 Der Gesetzgeber wollte die Frage der Karenzentschädigung der Regelung durch die Gesamtarbeitsverträge überlassen (Botschaft, S. 399), was mit BK-Rehbinder, Art. 340 OR N 13, als Fehlleistung des Gesetzgebers zu bezeichnen ist; vgl. auch die Kritik bei Vischer, S. 190.

83 Siehe dazu unten S. 58 f.

verbote hingegen im Rahmen der Vertragsfreiheit grundsätzlich „frei“ vereinbart werden[84].

B. Konkurrenzverbote in anderen Verträgen

Konkurrenzverbote werden aber nicht nur in Arbeitsverträge integriert, sondern sie sind unter anderem auch in Kauf-, Miet-, Pacht- und Gesellschaftsverträgen zu finden[85]. Für diese Wettbewerbsverbote bestehen keine besonderen Schutzvorschriften, welche deren Gültigkeit einschränken würden. Ihnen sind grundsätzlich nur durch die allgemeinen Normen der Art. 27f. ZGB und der Art. 19f. OR Schranken gesetzt. Die Strenge der Schutzvorschriften des Arbeitsrechts rechtfertigt sich aus der wirtschaftlichen und sozialen Ungleichheit der Parteien sowie dem durch den Arbeitsvertrag begründeten Abhängigkeitsverhältnis. Dieses Ungleichgewicht der Kräfte besteht aber bei den anderen Verträgen grundsätzlich nicht[86]. Auf den Agenturvertrag hingegen sind die arbeitsrechtlichen Bestimmungen analog anwendbar[87]. Der Agent erhält aber – anders als der Arbeitnehmer – zwingend eine Karenzentschädigung[88].

Fraglich ist nun, wieweit die einschlägigen Normen des Arbeitsrechts trotz dieser Grundregel auch bei den anderen Vertragsarten anzuwenden sind. Überzeugend ist hierzu die Ansicht von BUCHER[89]: Auch wenn in formellem

---

84 Art. 19f. OR bzw. Art. 27 ZGB; siehe dazu sogleich im Text; BK-Rehbinder, Art. 340 OR N 5; BK-Bucher, Art. 27 ZGB N 369 ff., N 377 und N 381 ff.

85 Genaueres hierzu bei Häfliger, S. 23 ff., und Bohny, S. 4 ff.

86 BGE 95 II 536; BK-Bucher, Art. 27 ZGB N 382; vgl. auch Häfliger, S. 23. Spezialfall: Verkauft ein Arbeitnehmer seine Beteiligung an einem Unternehmen und verpflichtet er sich gleichzeitig zur nachvertraglichen Konkurrenzenthaltung, so ist für die Anwendbarkeit der arbeitsrechtlichen Bestimmungen darauf abzustellen, ob mehr die Abhängigkeit aus dem Arbeitsverhältnis oder der Unternehmensverkauf für die Vereinbarung der Konkurrenzverbotsabrede ausschlaggebend war (BGE 56 II 50 ff.; Kuttler, S. 40). Dazu ist unter anderem auf die Grösse der Beteiligung des Arbeitnehmers, auf die Höhe des Verkaufspreises (als Äquivalent für den Goodwill der Konkurrenzenthaltung) und darauf abzustellen, ob der Arbeitnehmer nach dem Verkauf noch im Unternehmen tätig sein wird. Verbleibt er dort nur noch während einer kurzen Übergangsfrist von wenigen Wochen, so spricht das – bei entsprechend hohem Verkaufspreis – eher gegen eine Anwendung der arbeitsvertraglichen Bestimmungen. Wird das Konkurrenzverbot zwar vereinbart, gehen die Parteien aber von einer längerfristigen Weiterarbeit aus, so sind wohl die arbeitsrechtlichen Bestimmungen massgebend.

87 Art. 418d Abs. 2 OR.

88 Art. 418d Abs. 2 OR a.E.

89 BK-Bucher, Art. 27 ZGB N 381 ff.

Sinne die arbeitsrechtlichen Regeln auf die anderen Verträge *nicht* anzuwenden sind, so schliesst das nicht aus, sich im Rahmen der *Auslegung* der allgemeinen Bestimmungen an den gesetzlichen Sondernormen zu orientieren[90]. Dabei geht es aber nicht primär um die insgesamt anzulegenden Massstäbe, in welcher Hinsicht dem Richter ohnehin erhebliches Ermessen zusteht, sondern vielmehr um die *Struktur* des anzuwendenden Schutzes[91]. Gemeint sind damit die hierbei zu berücksichtigenden Faktoren und deren Zusammenspiel sowie die im Falle angenommenen Übermasses eintretenden Rechtsfolgen[92]. Nicht erforderlich ist hingegen, dass die strengen Gültigkeitsvoraussetzungen der arbeitsrechtlichen Bestimmungen im einzelnen erfüllt sind.

2. Abschnitt: Die Voraussetzungen im einzelnen

Im Hinblick auf die empfindliche Beschränkung des wirtschaftlichen Fortkommens des Arbeitnehmers stellt das Gesetz in den Art. 340 ff. OR also strenge Anforderungen an die Verbindlichkeit von Konkurrenzverbotsabreden[93]. Konkurrenzverbote sind grundsätzlich unverbindlich, wenn sie nicht dem Schutz eines erheblichen geschäftlichen Interesses des Arbeitgebers dienen[94], sondern bloss jede Stärkung der Konkurrenz durch den Arbeitsplatzwechsel verhindern wollen, ohne dass überhaupt die Gefahr einer erheblichen Schädigung durch die Verwertung schützenswerter Kenntnisse besteht[95]. Der Arbeitgeber soll nicht jeden beliebigen untergeordneten Arbeitnehmer, dessen Konkurrenz ihn nicht erheblich schädigen kann, mit einem Konkurrenzverbot belegen können[96]. Dennoch lehnt es die Praxis ab, untergeordnete Berufsgruppen generell von der Verbindlichkeit von Konkurrenzverboten auszunehmen[97]. Art. 340 ff. OR stellen aber nicht nur erhöhte Anforderungen an den Ab-

---

90 BK-Bucher, Art. 27 ZGB N 382.

91 BK-Bucher, Art. 27 ZGB N 377 und 381 ff.; a.A. wohl Vischer, S. 190 Anm. 8.

92 So vorab die Zulässigkeit einer Herabsetzung des übermässigen Verbots und die Kündbarkeit (vgl. BK-Bucher, Art. 27 ZGB N 384).

93 Die Zulässigkeitsvoraussetzungen des arbeitsvertraglichen Konkurrenzverbots können nicht zum Nachteil des Arbeitnehmers abgeändert werden (Art. 362 OR).

94 Vgl. auch OR 340c Abs. 1; siehe dazu unten S. 65 f.

95 Siehe dazu unten S. 31 ff.; BAG, Urteil vom 1. August 1995 – 9 AZR 884/93.

96 KGer GR, PKG 1996, S. 42; BGE 91 II 377, 72 II 81.

97 BGE 91 II 377 ff.; Kritik bei BK-Rehbinder, Art. 340 OR N 11, und Streiff/von Kaenel, Art. 340 OR N 9.

schluss der Wettbewerbsvereinbarung, sondern auch an deren inhaltliche Beschränkung[98].

Die Gültigkeitsvoraussetzungen sind grundsätzlich in jedem Einzelfall zu prüfen, weshalb es nach der herrschenden Ansicht nicht möglich ist, Konkurrenzverbote für bestimmte Berufsgruppen generell als zulässig zu erklären[99]. Da das nachvertragliche Konkurrenzverbot – wie der Name sagt – immer erst nach Beendigung des Arbeitsverhältnisses wirksam werden kann, müssen alle Gültigkeitsvoraussetzungen auch erst zu diesem Zeitpunkt gegeben sein[100]. Bis dahin kann also noch gar nicht über dessen Rechtsgültigkeit entschieden werden[101].

§ 3 Handlungsfähigkeit

Nur der handlungsfähige[102] Arbeitnehmer kann mit dem Arbeitgeber eine Konkurrenzverbotsabrede vereinbaren[103]. Damit soll sichergestellt werden, dass der Arbeitnehmer die Konsequenzen dieser Vereinbarung richtig einschätzen kann[104] und dass einem Jugendlichen die wirtschaftliche Bewegungsfreiheit – in der Zeit, die er zur Berufsausbildung nötig hat – voll erhalten bleibt[105]. Dazu genügt es nicht, dass die Konkurrenzverbotsabrede durch den inzwischen volljährig gewordenen Arbeitnehmer genehmigt wird[106].

98 Bohny unterscheidet zwischen Abschluss- und Wirkungsvoraussetzungen (S. 84). Nach BK-Rehbinder, Art. 340 OR N 5, ist diese Unterscheidung im Ergebnis unnötig, denn bis zur Beendigung des Arbeitsverhältnisses muss es zu einem wirksamen Abschluss gekommen sein.

99 Vgl. statt vieler Bohny, S.102. Siehe dazu unten S. 20 ff.

100 BGE 101 Ia 454; BK-Rehbinder, Art. 340 OR N 5; vgl. zum Spezialfall der analogen Anwendbarkeit von Art. 341 OR auf das Konkurrenzverbot oben S. 11 ff.

101 BK-Rehbinder, Art. 340 OR N 5.

102 Handlungsfähig ist, wer mündig und urteilsfähig ist (Art. 12 und16 ZGB).

103 Art. 340 Abs. 1 OR; vgl. die Sondernorm für Lehrlinge Art. 344a Abs. 4 OR; vgl. auch Kuhn, S. 31, betreffend die Verpflichtung zur Weiterarbeit im Betrieb für ein Jahr, was nicht als Wettbewerbsabrede zu qualifizieren ist.

104 BK-Rehbinder, Art. 340 OR N 6.

105 Brühwiler, Art. 340 OR N 1; Konkurrenzverbote mit Handlungsunfähigen sind nichtig (Art. 18 ZGB). Die Einwilligung des gesetzlichen Vertreters genügt auch dann nicht, wenn der Arbeitnehmer urteilsfähig ist, weil Art. 340 Abs. 1 OR keine Ersetzung der Handlungsfähigkeit durch die Zustimmung des gesetzlichen Vertreters vorsieht (BK-Becker, Art. 356 OR N 6; BK-Rehbinder, Art. 340 OR N 6).

106 KGer GR, JAR 1988, S. 352; AGer ZH, 27.3.1995.

§ 4 Schriftform

Zum Schutz des Arbeitnehmers vor Unachtsamkeit und Sorglosigkeit muss das Konkurrenzverbot immer schriftlich vereinbart werden[107]. Nur unzweideutige Vereinbarungen der Parteien können überhaupt verbindlich sein, wobei jeweils der Wortlaut der Vereinbarung massgebend ist[108]. Allfällige Unklarheiten sind zu Lasten des Arbeitgebers auszulegen[109]. In der Regel genügt die Unterschrift des Arbeitnehmers, ausser es werde gleichzeitig eine Karenzentschädigung vereinbart[110]. Das Konkurrenzverbot kann zwar auch losgelöst vom Arbeitsvertrag vereinbart werden, muss aber für sich immer dem Erfordernis der Schriftform genügen[111]. Ob bereits die Aufnahme in allgemeine Arbeitsbedingungen oder Reglemente genügt, ist umstritten[112]. Dies ist aber selbst dann abzulehnen, wenn die Reglemente zum Bestandteil des Arbeitsvertrages erklärt und dem Arbeitnehmer zur Kenntnis gebracht werden, weil die Konkurrenzverbotsabrede als solche unterschrieben sein muss[113]. Ansonsten würde die Schutzfunktion der Schriftlichkeit vereitelt[114]. Dem vermag auch eine Hervorhebung im Text des Reglements keine Abhilfe zu verschaffen, weil auch damit nicht sichergestellt werden kann, dass der Arbeitnehmer von der Klausel tatsächlich Kenntnis erhält[115]. Ebenfalls ungenügend ist der Verweis auf Arbeitsverträge anderer Arbeitnehmer und auf alte Arbeitsverträge desselben Arbeitnehmers[116]. Wegen der sehr einschneidenden Auswirkungen von Wettbewerbsverboten ist einer Verwässerung der formellen Voraus-

---

107 Art. 340 Abs. 1 OR; Brühwiler, Art. 340 OR N 2. Nach BK-Rehbinder, Art. 340 OR N 7, hätte jedoch die öffentliche Beurkundung von Konkurrenzverboten verlangt werden müssen, wenn dem Gesetzgeber mit dieser Warnung ernst gewesen wäre. Dies insbesondere deshalb, weil Konkurrenzverbotsabreden meist bereits in den schriftlichen Arbeitsverträgen enthalten sind und sich von den übrigen Vereinbarungen überhaupt nicht abheben.

108 Streiff/von Kaenel, Art. 340 OR N 5 f., mit Hinweisen auf die Rechtsprechung in N 6.

109 Rehbinder, Schranken und Wegfall des Konkurrenzverbots, S. 95; BGE 99 II 22; Streiff/von Kaenel, Art. 340 OR N 5; Bohny, S. 88.

110 Art. 13 Abs. 1 OR; BK-Rehbinder, Art. 340 OR N 7.

111 Der Arbeitsvertrag selbst wäre aber auch formlos gültig (Art. 320 Abs. 1 OR).

112 Vgl. auch Frank Emmel, in: NZZ, Nr. 63 vom 15. März 2000, S. 79.

113 AGer ZH, 30.10.1998; AGer ZH, 2.5.1991; AGer ZH, JAR 1983, S. 214; BK-Rehbinder, Art. 340 OR N 7; Streiff/von Kaenel, Art. 340 OR N 5; GewV, Art. 340 OR N 5; anders Brühwiler, Art. 340 OR N 2; ZK-Staehelin, Art. 340 OR N 8.

114 AGer ZH, 30.10.1998.

115 Anders ZK-Staehelin, Art. 340 OR N 8.

116 OGer ZH, ZR 73 (1974), S. 177 ff.; BK-Rehbinder, Art. 340 OR N 7; ZK-Staehelin, Art. 340 OR N 8.

setzungen zum vornherein entgegenzutreten. Fehlt die verlangte Schriftform, so ist die Wettbewerbsabrede als Ganzes nichtig, lässt aber den Arbeitsvertrag unberührt[117].

§ 5 Einblick in den Kundenkreis

A. *Im allgemeinen*

Für die meisten Arbeitgeber sind direkte Kundenbeziehungen ihrer Arbeitnehmer von grosser wirtschaftlicher Bedeutung, wenn nicht gar existentieller Natur. Insofern ist das Bestreben verständlich, die Kunden an das Geschäft zu binden und die Arbeitnehmer durch Konkurrenzverbote gegen diese abzuschirmen[118]. Auf der anderen Seite ist hingegen klar, dass die beim Arbeitgeber erworbene Berufserfahrung verwertet werden darf und der Verlust der persönlichen Beziehungen des Arbeitnehmers zur Kundschaft nicht mittels eines Konkurrenzverbots verhindert werden kann[119]. Die Aufnahme des Begriffes „Einblick in den Kundenkreis“ in Art. 340 Abs. 2 OR war nicht unumstritten[120] und löste einige Unklarheiten aus, welche noch heute zu einer zum Teil verwirrenden und undurchsichtigen Praxis führt[121]. Die Verwirrung rührt unter anderem daher, dass die Kriterien des Einblicks in den Kundenkreis nur sehr schwer zu erfassen sind, und dass der Kausalzusammenhang zwischen dem Einblick und der erheblichen Schädigungsmöglichkeit allenfalls durch die persönlichen Eigenschaften des Arbeitnehmers – welche in jedem Arbeitsverhältnis von einiger Bedeutung sind – unterbrochen werden kann. Zudem ist unklar, ob dem Einblick in den Kundenkreis Geheimnischarakter zukommen muss. Weitgehende Klarheit herrscht immerhin in bezug auf die Frage, wer überhaupt als Kunde gilt, bzw. welche Kriterien einen Kundenkreis definieren.

---

117 BK-Rehbinder, Art. 340 OR N 7.

118 Bohny, S. 94.

119 Dies ergibt sich schon daraus, dass der Arbeitnehmer andere Waren oder Dienstleistungen, die den Arbeitgeber nicht konkurrieren, derselben Kundschaft anbieten darf (Bohny, S. 97).

120 BGE 55 II 259.

121 Die Aufnahme des Kundenkreises in Art. 340 OR sei eine gesetzgeberische Fehlleistung (Bohny, S. 91; BK-Rehbinder, Art. 340 OR N 8; sinngemäss auch Streiff/von Kaenel, Art. 340 OR N 9).

B. Begriff des Kundenkreises

Unter „Kundenkreis" im Sinne von Art. 340 Abs. 2 OR ist die Gesamtheit derjenigen Personen zu verstehen, die mit einer gewissen Regelmässigkeit in Geschäftsbeziehungen zum Arbeitgeber stehen und als einigermassen beständigen Faktor seiner Umsatzberechnung betrachtet werden dürfen[122]. Gemeint ist also der Kundenstamm, der einen Teil des Geschäftswertes ausmacht und als solcher in der Unternehmensbewertung berücksichtigt wird[123]. Nicht unter diesen Kundenbegriff fallen bloss potentielle Kunden oder Interessenten[124]. Um zu den ständigen Abnehmern in diesem Sinne zu zählen, muss die Person tatsächlich von Zeit zu Zeit etwas bestellen, also in einer gewissen Regelmässigkeit in geschäftlichen Kontakt treten[125]. Eine einmalige Bestellung genügt in der Regel nicht[126]. Als Kunden sind aber nicht nur die eigentlichen Abnehmer der Güter zu betrachten, sondern auch diejenigen Personen, welche regelmässig den Abschluss von Verträgen vermitteln[127]. Werden „Kunden" von Dritten vermittelt, so sind diese nicht automatisch auch als Kunden im hier verstandenen Sinne zu qualifizieren. Vielmehr ist im Einzelfall zu prüfen, wer mit dem Arbeitgeberbetrieb in einem ausreichend regelmässigen Kontakt steht. Allenfalls sind dann nur die Vermittler als Kunden zu betrachten, nicht aber die direkten Abnehmer der Leistungen[128]. Einige Autoren schliessen für

---

122 OGer ZH, ZR 28 (1929), S. 193; KGer ZG, JAR 1992, S. 290.

123 BGE 55 II 260, 91 II 378; OGer ZH, ZR 97 (1998), S. 166 f.; GewGer ZH, JAR 1980, S. 310; BK-Rehbinder, Art. 340 OR N 8; Häfliger, S. 32; Bohny, S. 92

124 AppGer BS, BJM 1996, S. 17; Häfliger, S. 32; KGer ZG, JAR 1983, S. 218; Rehbinder, Mélanges A. Berenstein, S. 291; Bohny, S. 93. Bei Investitionsgütern soll aber nicht nur derjenige als Kunde betrachtet werden, der schon mehrmals etwas abgenommen hat, sondern es sollen für eine beschränkte Zeit auch andere Geschäftsbeziehungen geschützt werden, deren Aufbau mit einem gewissen Aufwand verbunden war (OGer ZH, JAR 1987, S. 272 f.; AGer ZH, JAR 1990, S. 321 und 325). In der Regel – und insbesondere bei Konsumgütern – zählen jedoch nur die tatsächlich bestehenden Abnehmer, die mehr als eine einmalige Bestellung vorgenommen haben, dazu (BGE 91 II 378 unter Hinweis auf BGE 55 II 260).

125 KGer GR, PKG 1996, S. 49.

126 BGE 91 II 378; AGer ZH, 9.3.1994; ein einmaliger Kauf genüge aber, wenn dadurch spätere Reparatur- und Unterhaltsarbeiten möglich werden (AGer ZH, JAR 1990, S. 321 und 325; BGE 81 II 154).

127 So beispielsweise Architekten oder Ingenieure; vgl. BGE 81 II 154; Rehbinder, Mélanges A. Berenstein, S. 292.

128 KGer GR, PKG 1996, S. 46 ff.: Der Snowboard-Lehrer unterrichtete lediglich Schüler, hatte aber keinen eigentlichen Kontakt zu den Touroperatoren, welche diese Schüler vermittelten. Die Schüler konnten hier nicht als Kunden betrachtet werden, weil sie nicht in einem mehr oder weniger regelmässigen Kontakt zur Schule standen;

bestimmte Güter den Bestand einer Kundschaft im hier verstandenen Sinne generell aus[129]. Das ist aber angesichts des heute herrschenden allgemeinen Konsumverhaltens veraltet. Es gibt ja kaum mehr Güter, welche nicht bereits nach kurzer Zeit ersetzt werden, obwohl die Lebensdauer des Produktes bei weitem noch nicht abgelaufen ist. Vielmehr ist in jedem Einzelfall zu prüfen, ob eine Kundschaft im hier verstandenen Sinne besteht[130]. Keine Rolle spielt dabei, ob der Arbeitnehmer den Kundenkreis selbst geschaffen hat, weil während des Arbeitsverhältnisses geschaffenes Know-how dem Arbeitgeber zusteht[131].

C. Der Einblick

Verfügt das Geschäft des Arbeitgebers über einen Kreis von Kunden im oben ausgeführten Sinne, so ist für die Verbindlichkeit des Verbots weiter erforderlich, dass das Arbeitsverhältnis dem Arbeitnehmer Einblick in diesen Kundenkreis gewährte. Welche Anforderungen an den Einblick zu stellen sind, bzw. was darunter zu verstehen ist, wird unterschiedlich beurteilt. Für das richtige Verständnis und die entsprechende Anwendung ist es zweckdienlich, zuerst kurz das Schutzobjekt des „Einblicks in den Kundenkreis" zu erläutern.

I. Das Schutzobjekt

Im Zentrum des Schutzes steht die Geschäftsbeziehung zwischen dem Arbeitgeber und der Kundschaft, die eben einen Teil des Unternehmenswertes ausmacht[132]. Ganz allgemein gesagt soll also verhindert werden, dass der Arbeitnehmer nach Beendigung des Arbeitsverhältnisses durch seine Spezialkenntnisse dem Arbeitgeber Kunden abspenstig machen oder dessen Ge-

---

ein anderes Beispiel wäre der Hotelangestellte in der Ferienregion, der zwar mit den Urlaubern Kontakt hat, nicht aber mit den Reiseveranstaltern.

129 So beispielsweise Häfliger, S. 33, für eine Staubsaugerfirma oder eine Nähmaschinenfabrik. Wer einen Staubsauger oder eine Nähmaschine kaufe, komme für viele Jahre nicht mehr als Abnehmer in Betracht.

130 Dies ist freilich vom Arbeitgeber zu beweisen (Art. 8 ZGB).

131 KGer GR PKG 1992, S. 58 ff.; BGE 92 II 35 und 91 II 379; BK-Rehbinder, OR 340 N 10; a.A. Brunner/Bühler/Waeber, Art. 340 OR N 4.

132 Nach Häfliger, S. 32, sind nicht die Namen der Kunden, sondern die Beziehungen zu ihnen geschützt.

schäftsbeziehungen zumindest massiv verschlechtern kann[133]. Das Bundesgericht verlangt deshalb, dass der Arbeitnehmer eine persönliche Beziehung zur Kundschaft gehabt hat, die es ihm ermöglichte, deren persönliche Eigenschaften (Eigenheiten), Gepflogenheiten, Wünsche und Bedürfnisse kennenzulernen[134]. BOHNY kritisiert diese Formulierung, da sie auf das falsche Objekt hinziele und die Grenze zum Schutz der Persönlichkeit verwische. Nicht die Wünsche und Eigenheiten der Kundschaft, sondern die Angebote und Infrastruktur des Arbeitgebers, nicht die persönlichen Beziehungen des Arbeitnehmers, sondern die geschäftlichen Bindungen des Arbeitgebers seien Schutzobjekt des Konkurrenzverbots[135]. Der von BOHNY geäusserten Kritik ist grundsätzlich zuzustimmen, doch weicht seine Ansicht nicht so sehr von derjenigen des Bundesgerichtes ab, wie er anzunehmen scheint. Auch nach der bundesgerichtlichen Rechtsprechung ist grundsätzlich die Geschäftsbeziehung zwischen Arbeitgeber und Kundschaft geschützt[136]. Mit der Voraussetzung, dass der Arbeitnehmer die Bedürfnisse und Wünsche der Kundschaft kennen muss, will lediglich untersucht werden, ob er überhaupt in der Lage ist, diese Geschäftsbeziehung hinreichend zu stören. Strenggenommen ist dies aber die falsche Optik; denn der Arbeitnehmer muss Einsicht in die wesentlichen Anforderungen erhalten, denen der Arbeitgeber genügen muss, um sich die betreffende Kundschaft zu erhalten[137]. Im Resultat macht diese Differenzierung aber keinen wesentlichen Unterschied.

Die Geschäftsbeziehung zwischen Arbeitgeber und Kundschaft soll also gegen störende Einwirkungen seitens des Arbeitnehmers geschützt werden und ist als eigentliches Schutzobjekt für die nachfolgenden Erläuterungen im Auge zu behalten.

II. Der Einblick im engeren Sinne

Was unter „Einblick in den Kundenkreis“ zu verstehen ist, lässt sich nur schwer allgemeinverbindlich formulieren[138]. Nach der bundesgerichtlichen Rechtsprechung ist immerhin eine solche Beziehung notwendig, die es erlaubt, die Anschauungen, Gepflogenheiten, Wünsche und Eigenheiten der Kunden

---

[133] Vgl. BGE 78 II 39 ff. (= Pra 41 [1952], S. 125).

[134] BGE 81 II 154; BGE 101 Ia 450; BGer, JAR 1988, S. 347; Häfliger, S. 32; BK-Rehbinder, Art. 340 OR N 10; Streiff/von Kaenel, Art. 340 OR N 9.

[135] Bohny, S. 96. Ähnlich schon BK-Becker, Art. 356 OR N 3.

[136] BGE 44 II 60; BGE 78 II 39 ff. (= Pra 41 [1952], S. 125).

[137] So schon BK-Becker, Art. 356 OR N 3.

[138] Siehe dazu auch unten S. 30.

kennenzulernen, und die es ermöglicht, sich selber bei diesen „einen Namen zu machen"[139]. Der Einblick besteht also aus zwei Elementen, der *persönlichen Beziehung* und der *Kenntnis der Wünsche und Bedürfnisse*. Diese Aufteilung beruht auf dem Gedanken, dass die Kenntnis der Kundenwünsche allein in der Regel noch nicht genügt, um die Geschäftsbeziehung empfindlich zu stören. Schon gar nicht reicht allein der Einblick in Kundenlisten, d.h. blosse Namenlisten aus, obwohl auch daraus Nutzen gezogen werden könnte[140]. Allenfalls können solche Kundenlisten aber als Geschäftsgeheimnisse qualifiziert werden[141]. Gefordert ist mithin eine gewisse Intensität der Beziehung zwischen dem Arbeitnehmer und der Kundschaft – eben das persönliche Element[142]. Dieses fehlt beispielsweise bei einem Mitarbeiter des Innendienstes ohne direkten Kundenkontakt, auch wenn ihm wichtige Kundendaten bekannt sind[143]. Andererseits kann aber eine persönliche Beziehung allein auch nicht ausreichen, die Geschäftsbeziehung des Arbeitgebers hinreichend zu stören. Der Arbeitnehmer müsste zusätzlich über besondere Kenntnisse verfügen, die ihm das Abwerben von Kunden ermöglichen würde.

Vom Bundesgericht wird abgelehnt, dass diesen Kenntnissen Geheimnischarakter zukommen muss, da der Gesetzestext die beiden Begriffe gleichstelle[144]. Es ist aber anzunehmen, dass der Gesetzgeber den Einblick in den Kundenkreis nur der vermeintlichen Klarheit halber in den Gesetzestext aufnahm, um den Kundenkreis als mögliches Geschäftsgeheimnis aufzuführen[145]. Aus der Gleichstellung der beiden Begriffe im Gesetz kann höchstens abgeleitet werden, dass an den Geheimnischarakter der fraglichen Informationen nicht die gleich hohen Anforderungen zu stellen sind wie beim eigentlichen Geschäftsgeheimnis[146]. Zusammen mit der persönlichen Beziehung zur Kundschaft lässt sich nämlich die Kundenbeziehung des Arbeitgebers in der Regel

---

139 BGE 81 II 154; BGE 101 Ia 450; BGer, JAR 1988, S. 347; Häfliger, S. 32; BK-Rehbinder, Art. 340 OR N 10; Streiff/von Kaenel, Art. 340 OR N 9.

140 Vgl. OGer ZH, ZR 97 (1998), S. 166 f., wonach ein intensiverer persönlicher Kontakt verlangt ist als blosse Kenntnis der Kundschaft; ebenso BGer, JAR 1988, S. 345; AGer ZH, JAR 1990, S. 220; AGer ZH, 15.5.1992. Bejaht wurde jedoch der Einblick in den Kundenkreis bei einem Optionshändler, der Kunden zu gewinnen, vorhandene Kunden zu beraten und Beziehungen zu vertiefen hatte (AGer ZH, 11.4.1994).

141 Siehe dazu unten S. 27 ff.

142 Bohny, S. 92. Die Kenntnis der Kundenadressen und die zeitweilige Funktion als Ratgeber in fachtechnischen Belangen sowie das Unterzeichnen von Offerten schaffen den nötigen Kundenkontakt nicht (AGer ZH, 7.2.1989).

143 AGer ZH, 15.5.1992.

144 BGE 55 II 259.

145 Pflüger, S. 24; vgl. auch Bohny, S. 91f.: „[...] dass die Kundenlisten nicht von vornherein als Geschäftsgeheimnisse ausser Betracht fallen".

146 Siehe dazu unten S. 27 ff.

bereits mit Wissen minderer Geheimnisqualität empfindlich stören. Rein branchenübliches Wissen reicht aber hierzu nicht aus, ansonsten der Arbeitnehmer den Arbeitgeber nicht mehr schädigen könnte als jeder andere Konkurrent[147]. Rein branchenübliches Wissen ist lediglich als Berufserfahrung zu qualifizieren und kann kein Konkurrenzverbot rechtfertigen. Handelt es sich hingegen um spezielle, nur dem Arbeitgeber und dessen Angestellten bekannte Informationen, so könnte der austretende Arbeitnehmer diese zu Lasten des Arbeitgebers verwerten. Nur vor dieser Verlagerung des Kräfteverhältnisses im Kampf um die Kundschaft ist der Arbeitgeber zu schützen. Es liegt daher nahe, die Voraussetzungen des Einblicks in den Kundenkreis und in Geschäftsgeheimnisse insofern aufeinander abzustimmen, als nur solche Kenntnisse als Einblick in den Kundenkreis in Frage kommen, welche für sich betrachtet theoretisch auch als Geschäftsgeheimnisse zu schützen wären. Nach BOHNY muss der Arbeitgeber zudem darlegen können, inwiefern er die spezielle Kenntnis in spezielle Angebote oder Massnahmen umsetzte[148]. Die Anforderungen daran sind aber nicht hoch anzusetzen, und es reicht bereits aus, dass der Arbeitnehmer sich den Wünschen und Bedürfnissen der Kunden entsprechend verhält und so den Wettbewerbsvorteil des Einblicks in den Kundenkreis für den Arbeitgeber ausschöpft.

III. Die Rechtsprechung

Die einschlägige Judikatur lässt vermuten, dass der Einblick bereits gegeben ist, sobald ein Arbeitnehmer mit Kunden in mehr oder weniger häufigem direktem Kontakt steht[149]. Zwar indiziert ein reger direkter Kundenkontakt die Einblicksmöglichkeit, doch ist jedenfalls zu prüfen, worin dieser Einblick genau besteht. Wird hingegen allein aufgrund des persönlichen Kontaktes auf die Kenntnis der Bedürfnisse und Wünsche geschlossen, so führt dies zu einer nicht sinnvollen Herabsetzung der Gültigkeitserfordernisse. Welche Kriterien nun die notwendige Intensität des Kundenkontaktes ausmachen, ist unter Einbezug des Schutzobjektes zu untersuchen. Es stellt sich nämlich die Frage, welche Faktoren im Kampf um die Kundschaft für den Verbleib beim

---

147 AGer ZH, 1.4.1996, verlangt Geheimnisqualität entweder des Kundenkreises an sich oder der zu dessen Gewinnung oder Erhaltung getroffenen Massnahmen des Arbeitgebers. Ebenso Bohny, S. 98 f.; ähnlich BK-Becker, Art. 356 OR N 3; Pflüger, S. 25.

148 Bohny, S. 98 f.; ebenso KGer GR, PKG 1996, S. 49

149 BGE 91 II 379, 81 II 154; OGer ZH, JAR 1987, S. 277 und 286; OGer AG, JAR 1980, S. 148; ZivGer BS, JAR 1985, S. 193 f.; KGer ZG, JAR 1983, S. 218 ff.; AmtsGer Hochdorf, JAR 1983, S. 204; GewGer ZH, JAR 1980, S. 304.

Arbeitgeber bzw. für den Wechsel mit dem Arbeitnehmer entscheidend sind. Freilich sind die Übergänge dieser Faktoren zu den persönlichen Eigenschaften des Arbeitnehmers oft fliessend[150].

IV. Objektive Kriterien

Massgeblich ist einmal die hierarchische Stellung des Arbeitnehmers. Ist er bloss in einer untergeordneten Position tätig und steht er ebenfalls nur mit untergeordneten Angestellten der Kunden in Kontakt, so spricht das gegen einen Einblick in den Kundenkreis[151]. Allenfalls mangelt es dann aber ohnehin am nötigen persönlichen Kundenkontakt. Hat der Arbeitnehmer hingegen mit den eigentlichen Entscheidungsträgern Kontakt, so wird er deren Bedürfnisse und Wünsche wohl eher in Erfahrung bringen können. Weiter gilt es die Grösse des Kundenkreises zu berücksichtigen. Hat der Arbeitnehmer einen sehr grossen Kundenkreis zu betreuen, so spricht das gegen die Einblicksmöglichkeit[152]. Natürlich spielen auch die Dauer des Arbeitsverhältnisses und der Zeitraum, der für die Betreuung der Kunden zur Verfügung steht, eine Rolle. Dauert das Arbeitsverhältnis nur sehr kurze Zeit, so spricht dies gegen einen ausreichenden Einblick[153]. Ob der Arbeitnehmer hingegen nur zu einem Teil der Kunden des Arbeitgebers Kontakt hat oder zu allen, spielt hier keine Rolle[154]. Hingegen sind der Grad an Selbständigkeit in der Kundenbetreuung und der Umstand, ob noch andere Arbeitnehmer mit denselben Kunden in Kontakt stehen, massgebend. Denn es ist dem Arbeitnehmer wegen der Vielzahl von Betreuern gar nicht möglich, den entscheidenden Einfluss auf die Kundschaft zu erlangen; somit ist auch kein ausreichender Einblick gegeben[155]. Ist er jedoch die einzige Kontaktperson, so spricht dies für die Einblicksmöglichkeit.

150 Vgl. unten S. 36 ff.

151 Verneint wurde der Einblick bei einem Reinigungsangestellten bzw. Allroundmitarbeiter, der lediglich mit den Hauswarten der zu reinigenden Liegenschaften in Kontakt stand (OGer ZH, ZR 97 [1998], S. 166 f.). Nach AGer ZH, 28.1.1997, fehlt es an der notwendigen Beziehung zum Kundenkreis, wenn die Arbeitnehmerin bloss eine Telefonzentrale bedient und an der Redaktion von Wirtschaftsberichten mithilft, auch wenn die übrigen Voraussetzungen erfüllt sind.

152 Erstellt die Arbeitnehmerin ca. 135 Berichte pro Monat, so besteht kein ausreichender Kundenkontakt (AGer ZH, 12.5.1997). Ähnlich OGer ZH, ZR 97 (1998), S. 168.

153 So insbesondere bei einer Kündigung während der Probezeit. Siehe dazu S. 78 ff.

154 AmtsGer Hochdorf, JAR 1983, S. 204 und 218. Zur angemessenen Begrenzung des Konkurrenzverbots siehe aber S. 49 ff.

155 Dies wäre beispielsweise dann der Fall, wenn der Arbeitnehmer (z.B. in einer Beratungsfirma) die Kunden nur in seinem Fachgebiet bezüglich einer untergeordneten Frage betreut.

Weiter kann der Ort, in dem die Kundenkontakte stattfinden, eine Rolle spielen. Finden die Kundenkontakte jeweils in den Räumlichkeiten des Arbeitgebers statt, so wird dadurch auch die Beziehung zu ihm verstärkt[156]. Jedenfalls wird immer ein direkter und persönlicher Kundenkontakt verlangt. Reicht das Wissen des Arbeitnehmers aber nicht darüber hinaus, dass der Kunde an der Dienstleistung des Arbeitgebers interessiert ist, so genügt das nicht. Demnach reicht es auch nicht aus, wenn z.B. ein Allroundmitarbeiter lediglich die Adressen der Kunden kennt und weiss, dass deren Häuser gereinigt und gewartet werden müssen[157]. Auch eine Tätigkeit im Innendienst und die Teilnahme an internen Sitzungen vermögen diese Voraussetzung nicht zu erfüllen, auch wenn so die Eigenheiten der Kundschaft teilweise in Erfahrung gebracht werden können[158]. Verlangt wird also immer ein solcher persönlicher und direkter Kundenkontakt, der es dem Arbeitnehmer ermöglicht, die Faktoren für einen allfälligen Wechsel der Kundschaft ausnützen zu können.

§ 6 Einblick in Fabrikations- und Geschäftsgeheimnisse

A. *Im allgemeinen*

Nebst dem Einblick in den Kundenkreis kann auch der Einblick in Fabrikations-[159] und Geschäftsgeheimnisse[160] ein Wettbewerbsverbot rechtfertigen. Entgegen dem eigentlichen Wortlaut des Gesetzes reicht bereits der Einblick in eines der genannten Geheimnisse aus[161].

---

156 Bohny, S. 99.

157 OGer ZH, ZR 97 (1998), S. 168.

158 AGer ZH, 15.5.1992: Ist der Arbeitnehmer im Innendienst tätig und kennt er alle Fakten, so genügt dies für ein Konkurrenzverbot ebensowenig, wie wenn er Chef des Verkaufsleiters ist und die Sitzungen führt, da es am Kundenkontakt fehlt. Hier war im speziellen aber auch kein Geheimnisschutz gegeben, da die Firmenadressen und Kundenlisten an sich noch kein Geheimnis darstellen, insbesondere dann nicht, wenn sie veröffentlicht werden.

159 Hierunter fällt vorab technisches Know-how, wie z.B. Konstruktionszeichnungen, die technische Organisation, Herstellungsverfahren, Modelle oder Forschungsergebnisse (vgl. Druey, S. 471 f.; OGer ZH, JAR 1984, S. 244; BK-Rehbinder, Art. 340 OR N 9; Bohny, S. 41 Anm. 2).

160 Geschäftsgeheimnisse betreffen die kaufmännische Organisation und den Geschäftsverkehr (z.B. Absatzorganisation, Preiskalkulation, Werbung und Produktion; vgl. OGer ZH, JAR 1984, S. 244; BK-Rehbinder, Art. 340 OR N 9; Druey, S. 471 f.; Bohny, S. 41 Anm. 2). Zur unterschiedlichen Tragweite der Begriffe in Art. 321a Abs. 4 OR und Art. 340 Abs. 2 OR vgl. oben S. 5 ff.

161 KGer ZG, JAR 1983, S. 220; BK-Rehbinder, Art. 340 OR N 9.

Ein Geheimnis lässt sich ganz allgemein als eine der Öffentlichkeit vorenthaltene Tatsache bezeichnen[162]. Die Tatsache darf also weder offenkundig noch allgemein zugänglich sein. Das ist in der Regel dann der Fall, wenn das fragliche Wissen lediglich einem beschränkten Personenkreis bekannt und nur mit Mühe herauszufinden ist[163]. Um nicht mehr als Geschäftsgeheimnis gelten zu können, genügt es beispielsweise in einem hochspezialisierten Bereich bereits, wenn das Wissen auch nur wenigen Fachleuten bekannt ist[164]. Immerhin muss das fragliche Geheimnis einen gewissen Originalitäts- bzw. Exklusivitätsanteil aufweisen. Deshalb stellt die blosse Verbesserung eines Gerätes mittels Zubehör kein Geschäftsgeheimnis dar, falls es sich nur unwesentlich vom bereits Bekannten abhebt[165]. Geheimnisinhaber ist regelmässig der Arbeitgeber, da ihm grundsätzlich das Ergebnis an der Arbeit und an Erfindungen zusteht[166]. Das gilt beispielsweise bei Fabrikationsgeheimnissen selbst dann, wenn sie vom Arbeitnehmer selber entwickelt worden sind[167]. Der Arbeitgeber als Geheimnisinhaber muss immer ein berechtigtes Interesse an der Geheimhaltung haben und seinem Geheimhaltungswillen genügend Ausdruck verleihen[168]. Dieser Wille muss für den Arbeitnehmer mindestens erkennbar sein[169]. Aber nicht jedes untergeordnete Know-how, das der Arbeitgeber geheimgehalten haben will, verdient auch den Geheimnisschutz. Vielmehr muss das Verraten des fraglichen Geschäftsgeheimnisses einen negativen Einfluss auf das Geschäftsergebnis des Arbeitgebers haben können[170]. Als Geheimnis nicht in Betracht kommt jedenfalls das Wissen des Arbeitnehmers, das ganz allgemein im betreffenden Tätigkeitsbereich zur Berufserfahrung zählt und nicht über das branchenübliche hinausgeht[171]. Denn der Geheimnisschutz kann nur verhindern, dass Besonderheiten des Betriebes, die dem Angestellten zur Realisierung des Geschäftszweckes offenbart werden müssen, ihre Exklusivität verlieren.

---

162 Bohny, S. 42; vgl. auch die Definition bei Pflüger, S. 27.

163 OGer ZH, JAR 1984, S. 244; BK-Rehbinder, Art. 340 OR N 9.

164 AGer ZH, 17.2.1994.

165 AGer ZH, 07.2.1989.

166 Art. 332 OR; vgl. Häfliger, S. 36.

167 AGer ZH, 15.9.1995 (bestätigt durch OGer ZH).

168 Druey, S. 475.

169 BGE 80 IV 27, 64 II 170; BGer, JAR 1988, S. 347; OGer ZH, JAR 1984, S. 244.

170 BGE 103 IV 284 (= Pra 67 [1978], S. 73); BK-Rehbinder, Art. 340 OR N 9; BGE 109 Ib 56, 103 IV 283; OGer ZH, JAR 1984, S. 243 ff.

171 KGer GR, PKG 1996, S. 44; BGer, JAR 1988, S. 347; OGer ZH, JAR 1987, S. 271; AGer ZH, JAR 1990, S. 324. Das Know-how muss über normale Branchenkenntnisse hinausgehen, um als Geschäftsgeheimnis zu gelten (AGer ZH, 1.4.1996). Nach AGer ZH, 17.2.1994, reicht ein blosser Erfahrungsvorsprung nicht aus; vgl. Kuhn, S. 51; Bohny, S. 90.

Zusammenfassend kann folgendes festgehalten werden: Ein Geschäftsgeheimnis ist ein dem Arbeitgeber zuzurechnendes, nicht offenkundiges und originäres Wissen, welches dieser vor Dritten geheimgehalten haben will[172]. Die einschlägige Rechtsprechung erweist sich aber als recht uneinheitlich.

B. Die Rechtsprechung

Verneint wurde die Geheimnisqualität beispielsweise für Bezugsquellen und Preise, für eine Methode der Mitarbeiterakquisition und für die Kenntnis der Stärken und Schwächen eines Betriebes[173]; ebenso für gesammelte Wirtschaftsdaten aus diversen öffentlich zugänglichen Quellen[174] und für freiwillige Auskünfte auf Frageformularen[175]. Auch nicht als Geheimnis qualifiziert wurde kaufmännisches Know-how betreffend den Kalkulationsaufwand[176]. Firmenadressen und Kundenlisten sind insbesondere dann keine Geschäftsgeheimnisse, wenn sie veröffentlicht werden[177]. Ebenso nicht als Geheimnisse zu qualifizieren sind die Akquisitionsplanung eines Unternehmens[178] und die blosse Verbesserung eines Gerätes mittels Zubehör[179].

Bejaht wurde die Geheimnisqualität hingegen für Bezugsquellen und Spezialbedingungen, Lieferfristen und Montagezeiten sowie konkrete Werbeaktionen[180]; weiter für Einkaufs- und Bezugsquellen[181], Preiskalkulationen[182], Konstruktionsideen[183] und für die Bewerberbank in der Personalberatung und Personalvermittlung[184]. Ebenso können Informationen über die Bedürfnisstruktur der Kunden und die persönlichen Beziehungen zu ihnen ein Geschäftsgeheimnis darstellen[185]. Ganz allgemein kann gesagt werden, dass in

---

172 KGer GR, PKG 1996, S. 44.
173 BGer, JAR 1984, S. 247 ff.
174 In concreto das Handelsregister, das Adressbuch der Stadt Zürich und eine Wirtschafts-CD-ROM (AGer ZH, 28.1.1997).
175 AGer ZH, 28.1.1997.
176 AGer ZH, 9.3.1994.
177 AGer ZH, 15.5.1992.
178 AGer ZH, 15.5.1992.
179 AGer ZH, 7.2.1989.
180 OGer ZH, JAR 1984, S. 247 ff.
181 BGE 103 IV 284 (= PR 67 [1978], S. 73).
182 BGE 103 IV 284 (= PR 67 [1978], S. 73).
183 BGE 93 II 272.
184 AGer ZH, 22.4.1997; AGer ZH, 19.10.1992.
185 AGer ZH, 22.4.1997; dies sind die Elemente des Einblicks in den Kundenkreis.

der Software-Branche die Arbeitsergebnisse in der Regel zu den Geschäftsgeheimnissen zu zählen sind[186].

Zwar lässt sich anhand der Rechtsprechung für ein gewisses Know-how eine Vermutung über den Geheimnischarakter aufstellen, doch müssen die Voraussetzungen vom Arbeitgeber im Einzelfall bewiesen werden[187]. Kann ein bestimmtes Know-how für sich betrachtet nicht als Geschäftsgeheimnis qualifiziert werden, so stellt sich noch die Frage, ob allenfalls deren besondere Kombination gesamthaft die nötigen Kriterien erfüllen könnte. Hierfür kommt aber nicht jede beliebige Kombination untergeordneter (Spezial-)Kenntnisse in Frage, sondern nur eine solche, die in der fraglichen Branche in einer solchen Form einzigartig ist. Einblick in diese Art Geschäftsgeheimnis können zwangsläufig nur solche Angestellte erlangen, die den gesamten Betrieb überblicken können und in der Lage sind, die Zusammenhänge zu erkennen. Subalterne Angestellte sind in der Regel davon ausgeschlossen.

C. Der Einblick

Das Arbeitsverhältnis muss dem Arbeitnehmer Einblick in die Geheimnisse gewährt haben. Mit „Einblick gewähren" ist auch hier kein aktives Tun des Arbeitgebers gemeint, sondern die Kenntnisnahme der Geschäftsgeheimnisse muss dem Arbeitnehmer lediglich möglich gewesen sein[188]. Auch eine Kenntnisnahme wider Treu und Glauben ist grundsätzlich davon erfasst[189]. Nach REHBINDER muss nicht einmal eine tatsächliche Kenntnisnahme erfolgt sein[190]. Das ist zwar strenggenommen richtig, doch fällt in den meisten Fällen die theoretische Möglichkeit der Kenntnisnahme aufgrund der Stellung im Betrieb auch mit der tatsächlichen Kenntnisnahme zusammen. Falsch ist aber die Annahme des Kantonsgerichtes Graubünden, dass es ohne tatsächliche Kenntnisnahme der Betriebsgeheimnisse am notwendigen adäquaten Kausalzusammenhang zwischen der fraglichen Kenntnis und dem hypothetischen Schaden mangle[191]. Denn der Kausalzusammenhang muss nur zwischen der theoretisch einsehbaren Kenntnis und der Schädigungsmöglichkeit bestehen.

---

186 Vgl. Martin Enkelmann, in: plädoyer 4/94, S. 29.
187 BGer, JAR 1990, S. 330; BK-Rehbinder, Art. 340 OR N 9.
188 BK-Rehbinder, Art. 340 OR N 10.
189 BK-Rehbinder, Art. 340 OR N 10, mit Hinweis auf die Botschaft, S. 302 (zu Art. 321a Abs. 4 OR).
190 BK-Rehbinder, Art. 340 OR N 10.
191 KGer GR, PKG 1996, S. 50.

Der Arbeitgeber soll aber gerade vom Nachweis der tatsächlichen Kenntnisnahme entbunden sein.

Das Konkurrenzverbot ist immer nur verbindlich, wenn die Verwendung der schützenswerten Kenntnis den Arbeitgeber auch erheblich schädigen könnte (Art. 340 Abs. 2 OR) .

§ 7 Möglichkeit erheblicher Schädigung

A. Im allgemeinen

Nicht jede Verwertung von Betriebsgeheimnissen soll durch die Konkurrenzverbotsabrede unterbunden werden können, sondern nur eine solche, aus welcher auch eine erhebliche Schädigung resultieren könnte[192]. Bereits dem Wortlaut der Bestimmung ist zu entnehmen, dass die erhebliche Schädigungsmöglichkeit rein hypothetischer Natur ist[193]. Da sie bloss auf einer fiktiven Verwertung der Spezialkenntnisse basiert, sind also weder eine tatsächliche Verwertung noch eine tatsächliche Schädigung erforderlich[194]. Zwischen der theoretischen Verwendung der Spezialkenntnisse und der Schädigungsmöglichkeit muss demnach ein adäquater Kausalzusammenhang bloss denkbar sein[195]. Grundlage für die Schadensprognose bildet jeweils der Sachverhalt zum Zeitpunkt der Beendigung des Arbeitsverhältnisses[196]. Eine neue Erwerbstätigkeit des Arbeitnehmers ist nur dann zu berücksichtigen, wenn daraus bereits eine Schädigung resultiert. Ist hingegen bis zum Prozesszeitpunkt trotz konkurrierender Tätigkeit kein Schaden entstanden, so kann daraus noch nicht geschlossen werden, dass auch keine erhebliche Schädigungsmöglichkeit besteht[197]. Zudem ist immer ein möglicher Stellenwechsel des Arbeitnehmers in die Prognose mit einzubeziehen[198].

---

192 Pflüger, S. 28.

193 BGE 91 II 373; BK-Rehbinder, Art. 340 OR N 11; anders verhält es sich hingegen bei der Frage, ob ein gültiges Konkurrenzverbot durch den Arbeitnehmer verletzt wird; dies ist aufgrund der konkreten Verhältnisse zu beurteilen.

194 AppGer BS, BJM 1996, S. 17; Streiff/von Kaenel, Art. 340 OR N 18; AGer ZH, 19.10.1992.

195 OGer ZH, JAR 1984, S. 244; BK-Rehbinder, Art. 340 OR N 11.

196 BGE 101 Ia 454; BGer, JAR 1988, S. 345 ff.; OGer ZH, JAR 1982, S. 245; Rehbinder, Mélanges A. Berenstein, S. 295.

197 Bohny, S. 109.

198 Falsch hingegen ist die Annahme, dass es an der erheblichen Schädigungsmöglichkeit mangle, wenn ein subalterner Angestellter einem Kadermitglied in den neuen Betrieb folge (so aber BGer, JAR 1988, S. 349). Auch wenn die besondere Kenntnis des Ka-

Die Schädigungsmöglichkeit kann sich in irgendeiner erheblichen Beeinträchtigung der Wettbewerbsfähigkeit oder einer Verschlechterung der wirtschaftlichen Situation des Arbeitgebers auswirken. Sie braucht nicht unbedingt direkt zu sein wie bei der Kundenabwerbung, sondern auch eine indirekte Schädigung, z.B. durch Verwendung von Geschäftsgeheimnissen, genügt[199]. Die Gerichte bejahen die erhebliche Schädigungsmöglichkeit in der Regel relativ grosszügig[200], weil sie aus der verlangten bloss abstrakten Schädigungsmöglichkeit schliessen, dass die Anforderungen daran nicht all zu hoch anzusetzen seien[201]. Auch BRÜHWILER geht davon aus, dass eine erhebliche Schädigungsmöglichkeit in der Regel schon bestehe, sobald der Einblick in den Kundenkreis oder Geschäftsgeheimnisse gegeben sei[202]. HÄFLIGER hält zwar ebenfalls fest, dass der Einblick und die Möglichkeit einer Schädigung zueinander in einem gewissen Zusammenhang stünden. Wenn das eine vorhanden sei, so sei meist auch das andere gegeben. Die mögliche Schädigung müsse aber jedenfalls *erheblich* sein[203]. Dem ist zuzustimmen. Zwar sind die beiden Begriffe – Einblick und erhebliche Schädigungsmöglichkeit – gewissermassen konnex, doch lässt sich nicht einfach vom Vorhandensein des einen auf das andere schliessen. Eine solche Koppelung der beiden Voraussetzungen würde die Gültigkeitsanforderungen massiv herabsetzen. Dies entspricht aber nicht dem Sinn des Gesetzes. Die Erheblichkeit der Schädigungsmöglichkeit ist vielmehr in jedem Einzelfall zu prüfen. Die gegenteilige Ansicht liesse sich nur vertreten, wenn der Gesetzgeber sich mit irgendeiner, also auch einer bloss marginalen Schädigungsmöglichkeit hätte zufriedengeben wollen. Das ist aber gerade nicht der Fall[204]. Wann eine Schädigungsmöglichkeit als erheblich qualifiziert werden muss, ist allerdings nicht einfach zu bestimmen. Umstritten ist nämlich, ob die Erheblichkeit der hypothetischen Schädigung in Relation

---

dermitglieds über die des Arbeitnehmers hinausgehen, kann der subalterne Angestellte immer noch die Stelle wechseln und so den ehemaligen Arbeitgeber erheblich schädigen. Anders beurteilt sich hingegen die Frage der Unterbrechung des adäquaten Kausalzusammenhangs für den Fall einer konkreten Schädigung. Siehe dazu unten S. 101f.

199 OGer ZH, JAR 1984, S. 252; BK-Rehbinder, Art. 340 OR N 11; Brühwiler, Art. 340 OR N 13.

200 Die Beurteilung der Erheblichkeit unterliegt als Rechtsfrage dem freien Ermessen des Gerichtes (BK-Rehbinder, Art. 340 OR N 11; BGE 91 II 380; OGer ZH, JAR 1984, S. 245).

201 OGer ZH, JAR 1987, S. 280; OGer BE, JAR 1983, S.202; KGer ZG, JAR 1983, S. 220; AmtsGer Hochdorf, JAR 1983, S. 206; BK-Rehbinder, Art. 340 OR N 11; anders hingegen BezGer SG, JAR 1994, S. 245.

202 Brühwiler, Art. 340 OR N 13; a.A. Busse, S. 164.

203 Häfliger, S. 36 f.; Bohny, S. 110 Anm. 210.

204 Ebenso Streiff/von Kaenel, Art. 340 OR N 15.

zu bestimmten unternehmensbezogenen Werten stehen muss oder nicht[205]. Dieser Frage muss vorerst nachgegangen werden.

B. *Erheblichkeit*

Von einer erheblichen Schädigungsmöglichkeit ist grundsätzlich dann zu sprechen, wenn der Arbeitnehmer dank seines Spezialwissens den früheren Arbeitgeber in dessen wirtschaftlicher Stellung *massgebend* beeinträchtigen könnte[206]. Nach der bundesgerichtlichen Rechtsprechung heisst das, dass der Arbeitnehmer dank der erworbenen Kenntnisse seinem früheren Arbeitgeber Kunden abspenstig machen oder ihm durch Ausnützung geschäftlicher oder technischer Besonderheiten, die dieser nicht preisgeben möchte, ernsthafte Schwierigkeiten bereiten könnte[207]. Nach welchen Kriterien dies zu bestimmen ist, ist allerdings fraglich[208]. Zur Lösung des Problems bieten sich zwei unterschiedliche Methoden an: In erster Linie kann die mögliche Schädigung in Relation zu bestimmten Unternehmenselementen gestellt werden, die Erheblichkeit also relativ bestimmt werden. Zu denken ist beispielsweise an den Jahresumsatz[209], die Anzahl der betreuten Kunden und den mit diesen erzielten Gewinn oder die Bedeutung des betroffenen Geheimnisses für den Betrieb. Die hypothetische Schädigung ist dann erheblich, wenn ihr im Verhältnis zum Geschäftsbetrieb des Arbeitgebers ein gewisses Gewicht zukäme[210]. Dass der Schaden sogar einen bedeutenden Teil des Jahresumsatzes ausmachen müsste, geht aber zu weit[211]. Die relative Bemessung kommt insbesondere bei kleineren Unternehmen in Betracht. Sie ist jedenfalls gegeben, wenn der ehemalige Arbeitnehmer beispielsweise einen Viertel aller Kunden betreute und mit ihnen einen ähnlich grossen Beitrag zum Gewinn erzielen konnte. Könnte er ei-

205 Für eine Abhängigkeit von bestimmten Bezugsgrössen sind Häfliger, S. 54 Anm. 143, und Bohny, S. 109; weitergehend BezGer SG, JAR 1994, S. 245; anders BK-Rehbinder, Art. 340 OR N 11; ZK-Staehelin, Art. 340 OR N 18; wohl auch Brühwiler, Art. 340 OR N 13.

206 Gemäss dem OGer BL, JAR 1980, S. 146, kann von einer erheblichen Schädigungsmöglichkeit nur dann die Rede sein, wenn ein Arbeitnehmer durch die verbotene Tätigkeit in beträchtlichem Mass die Erwerbschancen des Arbeitgebers vermindert.

207 BGer, JAR 1988, S. 348, unter Hinweis auf BGE 103 II 126 f.

208 Auch im Mietrecht wird in Art. 260a OR an den Begriff der Erheblichkeit angeknüpft (im Zusammenhang mit Mehrwert verschaffenden Investitionen des Mieters). Doch – soweit ersichtlich – fehlen auch dort griffige Kriterien und einschlägige Entscheide (ZK-Higi, Art. 260a OR N 57 ff.; SVIT-Kommentar, Art. 260–260a OR N 79).

209 BezGer SG, JAR 1994, S. 245.

210 Häfliger, S. 54.

211 So aber BezGer SG, JAR 1994, S. 245.

nen namhaften Teil derselben abwerben, so wäre die Schädigung zumindest erheblich[212]. Im Extremfall könnte aber sogar der Verlust eines einzigen, aber wichtigen Kunden eine erhebliche Schädigung bedeuten[213]. Was die Geschäftsgeheimnisse betrifft, so ist grundsätzlich nach deren Wichtigkeit zu unterscheiden. Erhält der Arbeitnehmer beispielsweise Einblick in das Geschäftsgeheimnis, worauf sich der gesamte Ertrag des Unternehmens stützt, so ist die Erheblichkeit ohne weiteres zu bejahen. Handelt es sich dabei hingegen bloss um ein weniger wichtiges und untergeordnetes Geheimnis[214], so ist die erhebliche Schädigungsmöglichkeit zu verneinen. Weiter bleibt zu beachten, wie lange aus dem fraglichen Geheimnis überhaupt Kapital geschlagen werden könnte. Handelt es sich dabei um einem schnellen Wandel unterliegende Kenntnisse (falls dann die Geheimnisqualität überhaupt noch bejaht werden kann), so spricht dies eher gegen eine erhebliche Schädigungsmöglichkeit.

Mit dem Hinweis auf die besondere Bedeutung im Zusammenhang mit kleineren Unternehmen ist auch der Schwachpunkt der relativen Methode angesprochen. Denn mit der gesetzlichen Regelung ist keine Unterscheidung zwischen Gross- und Kleinunternehmen beabsichtigt gewesen[215]. Würde aber nur mit der relativen Methode vorgegangen, so hätte dies zur Folge, dass Grossbetrieben die Vereinbarung von Konkurrenzverbotsabreden regelmässig nicht möglich wäre[216]. Deshalb kann es in bestimmten Fällen gerade nicht auf den Geschäftsumfang oder darauf, ob der Schaden vom Arbeitgeberunternehmen verkraftet werden kann, ankommen[217]. In diesen Fällen ist auf die abso-

---

212 Hat der Arbeitnehmer beispielsweise zu fünf von einhundert Kunden genügenden Kontakt und erzielt der Arbeitgeber mit diesen fünf Kunden einen Drittel des Gesamtumsatzes, so ist die Erheblichkeit zu bejahen (vgl. auch BGer, JAR 1994, S. 228). Umgekehrt ist sie zu verneinen, wenn mit dreissig betreuten Kunden nur ein Promille des Umsatzes aus diesem Geschäftszweig erzielt wird.

213 BGer, JAR 1994, S. 228.

214 Ist das fragliche Geschäftsgeheimnis aber überhaupt nicht umsatzrelevant, so wäre es kein solches im hier verstandenen Sinne (vgl. dazu oben S. 27 f.).

215 BK-Rehbinder, Art. 340 OR N 11; GewV, Art. 340 OR N 19.

216 OGer BE, JAR 1983, S. 202; ebenso OGer ZH, in: Kuhn, S. 95: „Gewiss kann auch eine Grossfirma mit diversifiziertem Verkaufsprogramm wie die Klägerin gültige Konkurrenzverbote vereinbaren; lediglich wenn es um deren Realerfüllung geht, hat sie es hinzunehmen, dass ihr Interesse anders bewertet wird als dasjenige eines kleinen Betriebes [...]" (siehe dazu unten S. 116 ff.).

217 BK-Rehbinder, Art. 340 OR N 11; ZK-Staehelin, Art. 340 OR N 18, unter Hinweis auf ZR 46 (1947), S. 297 ff., insbesondere S. 300. Dort geht es aber nicht um die vorliegende Problematik, sondern darum, ob der Arbeitnehmer den Grossbetrieb des Arbeitgebers auch durch den Übertritt in ein kleines Unternehmen schädigen könnte. Ob der Begriff der Schädigung relativ oder absolut zu bestimmen ist, hängt hingegen nicht mit der konkurrierenden Tätigkeit in einem Klein- oder Grossbetrieb zusammen.

lute Methode zurückzugreifen, oder aber, wiederum im Rahmen der relativen Methode, nur der von der Konkurrenztätigkeit betroffene Geschäftszweig zu berücksichtigen[218]. Bei der absoluten Methode ist ein Betrag zu bestimmen, der als Messlatte für die Erheblichkeit der Schädigung dient[219]. Wird er überschritten, so ist die Erheblichkeit unabhängig davon gegeben, ob bereits von einer relativen Erheblichkeit gesprochen werden kann. Die absolute Methode kommt also losgelöst von den Unternehmenskennzahlen des Arbeitgebers zum Tragen. Nun stellt sich aber die Frage, wo diese Grenze anzusetzen ist. Sie lässt sich nicht in einer bestimmten Summe ausdrücken, sondern es können lediglich Anhaltspunkte zu deren Bestimmung gegeben werden. Dazu kann die theoretische Verbesserung der wirtschaftlichen oder wettbewerblichen Situation eines fiktiven neuen Arbeitgebers behilflich sein. Würde die hypothetische Verwertung der geheimen Betriebskenntnisse die Stellung eines fiktiven neuen Arbeitgebers relativ erheblich verbessern, so ist die Schädigungsmöglichkeit des alten Arbeitgebers mindestens erheblich. Zusätzlich kann darauf abgestellt werden, ob sich die Kenntnis vom Arbeitnehmer in einer selbständigen Tätigkeit verwerten liesse und dabei einen erheblichen Wert darstellen würde. Ist dies zu bejahen, so ist ebenfalls eine absolut erhebliche Schädigung des ehemaligen Arbeitgebers anzunehmen. Die absolut erhebliche Schädigungsmöglichkeit des alten Arbeitgebers ergibt sich also aus Vergleichen mit der relativen Erheblichkeit der Kenntnis für einen neuen fiktiven Arbeitgeber bzw. mit einer selbständigen Tätigkeit des Arbeitnehmers. Allenfalls kann zusätzlich noch auf einen Durchschnittswert abgestellt werden.

Zusammenfassend kann festgehalten werden, dass sich die Erheblichkeit der Schädigungsmöglichkeit einerseits aufgrund von betriebsbezogenen Grössen relativ feststellen lässt, so insbesondere bei kleineren Unternehmen, oder aber absolut aufgrund betriebsfremder, für sich betrachtet aber ebenfalls relativer Faktoren.

---

218 Nach Bohny, S. 110, ist nur auf den betroffenen Markt abzustellen.

219 Die Geringfügigkeit des Deliktbetrages eines Vermögensdeliktes wird beispielsweise auch nicht subjektiv (also relativ), sondern objektiv (also absolut) bestimmt (vgl. Trechsel, Art. 172ter StGB N 2).

C. *Kausalzusammenhang*

I. Im allgemeinen

Aus der Schadensprognose muss sich ergeben, dass die *Verwendung der Spezialkenntnisse* eine erhebliche Schädigung des früheren Arbeitgebers zur Folge haben könnte[220]. Aber nicht jede denkbare erhebliche Schädigung aus einer Konkurrenztätigkeit vermag ein Wettbewerbsverbot zu rechtfertigen, sondern nur eine solche, die auch *massgeblich* auf der Verwertung der besonderen Betriebskenntnisse beruht[221]. Das Schädigungspotential von Geschäftsgeheimnissen lässt sich in der Regel direkt aufgrund einer fiktiven Verwertung bestimmen. Anders verhält es sich hingegen beim Einblick in den Kundenkreis[222]: Eine erhebliche Schädigung ist hier erst dann gegeben, wenn es dem Arbeitnehmer *dank seiner besonderen Kenntnisse* gelingt, dem Arbeitgeber Kunden oder einzelne Aufträge abspenstig zu machen. Wo eine Beeinträchtigung der Kundenbeziehungen oder anderer geschäftlichen Belange aber nicht auf die erworbenen besonderen Kenntnisse zurückzuführen ist, sondern vor allem mit der Berufserfahrung und den persönlichen Fähigkeiten des Arbeitnehmers zusammenhängt, kann von einer erheblichen Schädigungsmöglichkeit nicht die Rede sein[223]. Der Arbeitnehmer darf diese Fähigkeiten – egal, wo er sie gesammelt hat – immer verwerten; bei einem neuen Arbeitgeber selbst zum Nachteil des früheren Arbeitgebers[224]. Denn die Fähigkeiten und Charaktereigenschaften des Arbeitnehmers sind als Teil seiner Persönlichkeit grundsätzlich der Bindung verschlossen und dürfen somit auch nicht durch ein Konkurrenzverbot der weiteren Verwertung entzogen werden[225]. Darunter fallen Eigenschaften wie die besondere Sachkompetenz des Arbeitnehmers, sein persönliches Urteilsvermögen, die technische Geschicklichkeit, seine pädagogischen Fähigkeiten, sein Einfühlungsvermögen oder die Art, wie er eine Aufgabe angeht[226]. Sind also diese Fähigkeiten für den Wechsel der Kundschaft mit dem Arbeitnehmer ausschlaggebend, so besteht kein ausrei-

---

220 Siehe dazu oben S. 31.

221 OGer ZH, JAR 1982, S. 215; OGer ZH, JAR 1984, S. 245.

222 In diesem Sinne wohl auch die Unterscheidung zwischen Geschäftsgeheimnissen und Kundenkreis in BGE 61 II 93.

223 BGer, JAR 1988, S. 348, unter Hinweis auf BGE 103 II 126 f..

224 BGer, JAR 1988, S. 348 f.; BGE 92 II 26; Häfliger, S. 38.

225 BGE 44 II 56; Bohny, S. 94 f.

226 BGE 78 II 40 (= Pra 41 [1952], S. 125).

chender Kausalzusammenhang zwischen Einblick und Schädigungsmöglichkeit. Sind aber noch erhebliche andere Faktoren massgebend, ist das Konkurrenzverbot zulässig[227]. Die mögliche Schädigung muss also wenigstens im wesentlichen Folge des Einblicks sein[228].

II. Abgrenzung der Faktoren

Schwierigkeiten bereitet die Abgrenzung, welche Faktoren für den Verbleib der Kundschaft beim Arbeitgeber oder den Wechsel mit dem Arbeitnehmer ausschlaggebend sind, vor allem deshalb, weil insbesondere in Dienstleistungsberufen die persönliche Leistungsfähigkeit des Arbeitnehmers und sein Vertrauensverhältnis zum Kunden immer eine sehr wichtige Rolle spielen[229]. Die einschlägige Rechtsprechung des Bundesgerichtes wurde im Laufe der Zeit zwar präzisiert und verfeinert[230], dennoch ist noch keine klare Linie zu erkennen[231]. Die einzigen Fälle, in denen das Bundesgericht die Zulässigkeit von Wettbewerbsverboten regelmässig ablehnt, sind die sogenannten freien Berufe[232]. Aber selbst bei diesen will es Konkurrenzverbote nicht generell ausschliessen, sondern immer auf die Umstände des Einzelfalles abstellen[233]. Zwar ist dem soweit zuzustimmen, als dem Einzelfall genügend Rechnung zu tragen ist. Doch kann bei freien Berufen, zum Teil aber auch bei anderen Berufen, die Zulässigkeit von Wettbewerbsverboten immerhin vermutungsweise ausgeschlossen werden[234]. Gerade bei freien Berufen überwiegen die persönlichen Eigenschaften des Angestellten fast immer. Sollten ausnahmsweise andere Faktoren ausschlaggebend sein, so stünde dem Arbeitgeber immer noch der Beweis des Gegenteils offen.

---

227 BGE 78 II 40; BGE 61 II 93; BGer, JAR 1988, S. 350.

228 Häfliger, S. 38.

229 OGer ZH, JAR 1982, S. 215 f., unter Hinweis auf BGE 78 II 40.

230 OGer ZH, JAR 1982, S. 213 ff.

231 BK-Rehbinder, Art. 340 OR N 12; Bohny, S. 95; Streiff/von Kaenel, Art. 340 OR N 9; a.A. Häfliger, S. 39.

232 Siehe unten S. 40 f.

233 BGE 78 II 39 (= Pra 41 [1952], S. 126).

234 So auch AGer ZH, ZR 93 (1994), S. 173 f.: Die Tätigkeit als Kosmetikerin ist derart personenbezogen, dass ein vereinbartes Konkurrenzverbot nicht durchgesetzt werden kann. Vgl. ebenso für Coiffeure AGer ZH, 13.4.1999.

1. Die Rechtsprechung

Ein kurzer Blick auf die Rechtsprechung soll die zum Teil sehr unterschiedliche Bewertung der einzelnen Faktoren beleuchten. *Bejaht* wurde die Zulässigkeit eines Konkurrenzverbots beispielsweise für einen Coiffeur[235], einen Reitlehrer[236], eine Reisebüroleiterin[237], einen Pneumonteur[238], einen Mitarbeiter für telefonische Akquisitionen[239] und für einen Handelsreisenden[240]; ebenso für einen Börsenmakler[241], einen Optionshändler[242], einen Vertreter einer Mühle[243], einen Buchhaltungsexperten[244] und für einen Revisor[245]. *Verneint* hingegen für einen Coiffeur (!)[246], eine Kosmetikerin[247], einen Turn- und Tanzlehrer[248], einen Reitlehrer (!)[249] und für einen Assistenten eines Zahnarztes[250]. Wie die erwähnte Judikatur zeigt, wurde zum Teil sogar für ein und dieselbe Berufsgruppe unterschiedlich entschieden[251]. Diese Divergenzen könnten aber grösstenteils vermieden werden, wenn immer auf dieselben Kriterien abgestellt würde.

2. Massgebliche Kriterien

Massgebendes Hauptkriterium für die fragliche Abgrenzung ist nämlich, wie gross der originäre Beitrag des Arbeitnehmers zur Befriedigung der Kundenbedürfnisse ist, d.h., wie stark das Resultat der Arbeit von der Eigen-

235 AGer SO, JAR 1983, S. 211; OGer ZH, ZR 80 (1981), S. 139 ff.
236 BGE 61 II 93.
237 KGer GR, PKG 1992, S. 60.
238 OGer AG, JAR 1980, S. 147.
239 AppGer TI, JAR 1991, S. 303.
240 BGE 91 II 378.
241 AGer ZH, 11.4.1994.
242 AGer ZH, 11.4.1994.
243 AppGer BS, SJZ 37 (1940/41), S. 287 f.
244 BGE 78 II 40.
245 HGer ZH, ZR 45 (1946), S. 378.
246 BGE 101 Ia 450; AmtsGer LU, SJZ 32 (1935/36), S. 32 f.; AGer ZH, 13.4.1999.
247 AGer ZH, ZR 93 (1994) S. 173 f.
248 BGE 44 II 59.
249 KG ZG, ZGGVP 1993/94, S. 119 ff.
250 BGE 56 II 442.
251 Beispiel Coiffeur: AGer SO, JAR 1983, S. 211; OGer ZH, ZR 80 (1981), S. 142; BGE 101 Ia 450; AmtsGer LU, SJZ 32 (1935/36), S. 32 f.; AGer ZH, 13.4.1999; BK-Rehbinder, Art. 340 OR N 12; Streiff/von Kaenel, Art. 340 OR N 9; Bohny, S. 95.

leistung des Arbeitnehmers abhängt[252]. Basieren die Leistung und der Erfolg des Arbeitnehmers vorwiegend auf dem Wissen und den Angeboten des Arbeitgebers, und sind sie somit weitgehend vorgegeben, so spricht das gegen ein Überwiegen der persönlichen Eigenschaften. Dann beeinflusst die Leistung des Arbeitnehmers lediglich die Qualität der Umsetzung der Angebote des Arbeitgebers. Hängt hingegen der Erfolg vorwiegend, wenn nicht ausschliesslich, vom Können und Verhalten des Arbeitnehmers ab, so sind dessen persönliche Eigenschaften für den Wechsel der Kundschaft massgeblich. Je kreativer und freier der Arbeitnehmer handeln kann, desto eher überwiegen seine persönlichen Fähigkeiten. Auch wenn sich beispielsweise bei einem Coiffeur[253] die Kenntnis der Kundenbedürfnisse zwar positiv auf das Resultat auswirken kann, sind dennoch für die Zufriedenheit der Kundschaft die handwerklichen und kreativen Fähigkeiten des Arbeitnehmers entscheidend[254]. Dasselbe muss z.B. für einen Snowboard-Lehrer gelten. Wendet er in seinen Lektionen fast ausschliesslich sein eigenes Können oder allgemein bekanntes Wissen an, nicht aber besondere pädagogische Methoden oder technische Tricks des Arbeitgebers, so sind für den Erfolg der Lektion und damit die Zufriedenheit der Snowboard-Schüler ebenfalls die persönlichen Fähigkeiten des Lehrers ausschlaggebend[255].

Anders liegt der Fall, wenn die Angebote des Arbeitgebers für den Kunden entscheidend sind und es weniger auf die persönlichen Leistungen des Arbeitnehmers ankommt. Da der schöpferische Beitrag des Arbeitnehmers dann klein ist und der Erfolg des Verkaufs wesentlich von der Kenntnis der Kundenwünsche und dem darauf ausgerichteten[256] Angebot des Arbeitgebers abhängt, ist der Arbeitgeber vor einem Verlust dieser Kundschaft zu schützen. Verwendet der Arbeitnehmer also mehrheitlich das Angebot des Arbeitgebers zur Befriedigung der Kundenbedürfnisse, so kommen seine persönlichen Fähigkeiten weniger zum Tragen. Kennt der Arbeitnehmer in einem solchen Fall die Bedürfnisse und Wünsche der Kundschaft, so ist diese Kenntnis kausal für die Schädigungsmöglichkeit.

---

[252] Können die fiktiven Ergebnisse der Arbeitsleistung unterschiedlicher Arbeitnehmer stark voneinander abweichen, so spricht das für einen wesentlichen eigenen Beitrag des Arbeitnehmers und damit für die Abhängigkeit von dessen persönlichen Eigenschaften.

[253] Heutzutage erübrigt sich wohl eine Unterscheidung zwischen Damen- und Herrencoiffeur.

[254] So auch AGer ZH, 13.4.1999; ebenso verhält es sich bei einer Kosmetikerin.

[255] Vgl. auch KGer GR, PKG 1996, S. 50; dies gilt auch für einen Reitlehrer, weil die Kundschaft dem „Pferdematerial" nur wenig entscheidende Bedeutung beimisst; vgl. KG ZG, ZGGVP 1993/94, S. 120 (anders BGE 61 II 93).

[256] Siehe dazu oben vor Anm. 148.

Für den Fall des Einblicks in Geschäftsgeheimnisse ist zudem besonders in wissenschaftlichen Berufen entscheidend, ob der Arbeitnehmer bestimmte Erzeugnisse nur dank seines Einblicks herstellen kann, oder ob ihm dies dank seiner persönlichen Fähigkeiten möglich ist. Schwierig ist hier die Abgrenzung zwischen allgemeinem Wissen und den nur beim Arbeitgeber zur Kenntnis genommenen Geschäftsgeheimnissen. Basiert das Grundwissen des Arbeitnehmers nämlich auf den beim Arbeitgeber gemachten Erfindungen, kann dies trotzdem zur Verbindlichkeit des Konkurrenzverbots führen, da die Rechte an den Erfindungen grundsätzlich dem Arbeitgeber zustehen. Stützt sich aber beispielsweise die Entwicklung eines ähnlichen, aber weiterentwickelten Gerätes nicht auf Konstruktionspläne des früheren Arbeitgebers, sondern auf die persönliche Leistungsfähigkeit des Arbeitnehmers, so kann das Verbot nicht gültig sein. Dies gilt besonders dann, wenn bestehende Konkurrenzfirmen des alten Arbeitgebers bereits ähnliche Geräte herstellen[257].

III. Besonderheiten bei den sogenannten freien Berufen

Einen Spezialfall stellen die sogenannten freien Berufe dar (Ärzte, Anwälte, Architekten, Ingenieure etc.). Hier sind regelmässig nicht die beim Arbeitgeber erlangten Kenntnisse von Geschäftsgeheimnissen oder des Kundenkreises, sondern vorwiegend die Berufserfahrung, das an der Hochschule Gelernte und die persönlichen Fähigkeiten über Erfolg oder Misserfolg bei den Kunden entscheidend[258]. Doch auch bei den freien Berufen schliesst das Bundesgericht die Zulässigkeit von Konkurrenzverbotsabreden nicht generell aus, sondern stellt auf die Besonderheiten des Einzelfalls ab[259]. In der Regel ist aber für diese Berufe ein Konkurrenzverbot unstatthaft oder zumindest nur in sehr stark abgeschwächter Form zulässig[260]. Nicht zu den freien Berufen zählt das Bundesgericht die Tätigkeit als Bücherexperte oder Revisor, unter anderem, weil hier das handwerkliche und nicht das persönliche Element im Vordergrund stehe; ein Konkurrenzverbot sei demnach zulässig[261].

---

257 Vgl. zu einem Kanalroboter AGer ZH, 15.9.1995 (bestätigt durch OGer ZH).
258 BGE 44 II 56, 56 II 438; Streiff/von Kaenel, OR 340 N 11.
259 BGE 78 II 41 (= Pra 41 [1952], S. 126).
260 BGE 56 II 442, 78 II 41.
261 BGer, JAR 1988, S. 350 ff.

3. Abschnitt: Verbotsumfang

Erweist sich eine Konkurrenzverbotsabrede soweit als zulässig, so stellt sich als nächstes die Frage, welche Tätigkeiten des Arbeitnehmers überhaupt verpönt sind. Nicht jede Erwerbstätigkeit verstösst gegen das Verbot, sondern nur eine solche, die den ehemaligen Arbeitgeber auch tatsächlich konkurriert. Hierzu ist in erster Linie erforderlich, dass zwischen dem Arbeitgeber und dem Arbeitnehmer oder einem Dritten, für den der Arbeitnehmer tätig ist, ein Wettbewerbsverhältnis besteht.

§ 8 Das Wettbewerbsverhältnis

Der Wettbewerbsbegriff des arbeitsvertraglichen Konkurrenzverbots ist – im Gegensatz beispielsweise zu demjenigen des Bundesgesetzes über den unlauteren Wettbewerb (UWG) – im Interesse einer möglichst uneingeschränkten wirtschaftlichen Betätigungsfreiheit des Arbeitnehmers eng auszulegen. Das UWG hingegen bezweckt die Sicherstellung des lauteren und unverfälschten Wettbewerbs, weshalb sich eine weite Auslegung des Begriffes rechtfertigt. Demzufolge ist nicht alles Wettbewerb im hier verstandenen Sinne, was Wettbewerb im Sinne des UWG ist[262]. Nach der Rechtsprechung des Bundesgerichtes zum arbeitsvertraglichen Konkurrenzverbot stehen zwei Unternehmen dann zueinander im Wettbewerb, wenn sie dem gleichen Kundenkreis gleichartige Leistungen zur Befriedigung gleicher oder ähnlicher Bedürfnisse anbieten, so dass sie sich in einem Kampf um die Kunden befinden[263]. Erforderlich ist, dass sie der gleichen Zielgruppe dieselben oder substituierbare Leistungen anbieten[264]. Oder umgekehrt formuliert, müssen die Abnehmer gleiche oder substituierbare Leistungen bei beiden Anbietern direkt beziehen können[265]. Daraus geht hervor, dass hier nur die sogenannte Angebotskonkurrenz relevant ist, nicht aber auch eine allfällig konkurrierende Nachfrage nach denselben Gütern, obwohl auch daraus eine Schädigung des alten Arbeitgebers resultieren könnte[266]. Das Wettbewerbsverhältnis im hier verstandenen Sinne setzt sich also *kumulativ* aus den Elementen des gemein-

---

262 Vgl. ausführlich BGE 92 II 24 f. So auch BK-Rehbinder, Art. 340 OR N 2; Streiff/von Kaenel, Art. 340 OR N 7; Bohny, S. 73 f.; anders Häfliger, S 47.

263 BGE 51 II 442, 91 II 25; ZivGer BS, BJM 1991, S. 84; Häfliger, S. 45.

264 BK-Rehbinder, Art. 340 OR N 2.

265 Vgl. Rehbinder, Mélanges A. Berenstein, S. 287.

266 BGE 92 II 27; BK-Becker, Art. 356 OR N 8; Pflüger, S. 34; Bohny, S. 74.

samen Kundenkreises, der gleichen Branchenzugehörigkeit und der Gleichartigkeit oder Substituierbarkeit der angebotenen Leistungen zusammen[267].

A. *Gemeinsamer Kundenkreis*

Ein gemeinsamer Kundenkreis ist dann anzunehmen, wenn die fraglichen Unternehmen ihre Angebote zumindest mehrheitlich an dieselben, auch bloss potentiellen Abnehmer richten[268]. Die hypothetischen Einzugsgebiete der Unternehmen müssen also zumindest teilweise übereinstimmen[269]. Dabei gilt es zu berücksichtigen, dass die Grösse des Einzugsgebietes je nach Bedeutung und Art des angebotenen Gutes variieren kann. Für wichtige Güter ist das Einzugsgebiet regelmässig grösser als für Gebrauchsgegenstände des Alltags. Die Unternehmen bestimmen ihren Tätigkeitsbereich zudem durch ihr Werbeverhalten. Bedienen sie sich hierzu beispielsweise auch des Internet, so decken sich ihre Kundenkreise zumindest theoretisch. Immerhin lässt sich dann aber der tatsächliche Kundenkreis unter anderem auch aus sprachlichen und geographischen Gründen zusätzlich eingrenzen. Wieweit auch das Werben um verschiedene Zielgruppen desselben Marktes (zum Beispiel im Uhrenmarkt die Zielgruppen für Billig- und Luxusuhren) zu einem Wettbewerbsverhältnis führt, ist umstritten. Unklar ist nämlich, wieweit Faktoren wie Altersklassen, finanzielle Leistungsfähigkeit oder Qualitätsansprüche zu berücksichtigen sind[270]. Im Sinne einer relativ engen Auslegung des Wettbewerbsbegriffes ist eine Aufspaltung des Kundenkreises immerhin dann anzunehmen, wenn sich die angebotenen Leistungen *erheblich* unterscheiden. Das ist namentlich nicht der Fall, wenn die Angebote der Unternehmen aus der Sicht eines durchschnittlichen Nachfragers[271] tatsächlich alternative Lösungen zur Befriedigung des gleichen Bedürfnisses sein können.

---

267 Vgl. Bohny, S. 74.

268 BGE 92 II 26; AGer ZH, 17.2.1994; AGer ZH, 19.2.1992.

269 Immer ist auf die tatsächlich konkurrierende Geschäftstätigkeit abzustellen, nicht hingegen auf einen bloss ausserhalb des verbotenen Gebietes gewählten Firmensitz (AppGer TI, in: Kuhn, S. 68; Streiff/von Kaenel, Art. 340a OR N 2; BK-Rehbinder, Art. 340a OR N 2; Grüll/Janert, S. 46).

270 Gegen eine Berücksichtigung Häfliger, S. 45; anders Bohny, S. 76.

271 Bohny, S. 76, unter Hinweis auf BGE 91 II 491.

B. *Befriedigung des gleichen Bedürfnisses*

Damit zwei Unternehmen miteinander in einem Wettbewerbsverhältnis im hier verstandenen Sinne stehen, genügt es nicht allein, dass sie um die gleiche Kundschaft werben. Dies gilt selbst dann, wenn sie zwar verschiedenartige, aber sich gegenseitig ausschliessende Bedürfnisse zu befriedigen bestrebt sind, wie beispielsweise der Waschmaschinenhersteller und die Kundenwäscherei[272]. Vielmehr wird für ein Wettbewerbsverhältnis verlangt, dass beide Unternehmen gleichartige und folglich *unmittelbar das gleiche Bedürfnis befriedigende Leistungen* anbieten. Problematisch an dieser engen Auslegung ist aber, dass der Arbeitnehmer oftmals seine Spezialkenntnisse zum Nachteil des Arbeitgebers verwerten kann, auch wenn die beiden Geschäfte nicht identische Leistungen anbieten. Beliefert beispielsweise der ehemalige Arbeitgeber die Kundschaft mit Eiscreme, so kann der Arbeitnehmer seine Kenntnisse über den Kundenkreis durchaus verwerten, wenn der neue Arbeitgeber Maschinen zur Herstellung von Eiscreme verkauft. Diese Verwertung bleibt aber nicht sanktioniert, obwohl sie sich für den Arbeitgeber allenfalls noch negativer auswirken kann als eine direkte Konkurrierung. Deshalb muss verstärkt auf die Befriedigung der Kundenbedürfnisse abgestellt werden. Ein Konkurrenzverhältnis kann demnach vorliegen, wenn das neue Produkt das alte ersetzen kann, obwohl an sich verschiedene Leistungen angeboten werden. Dies wäre beispielsweise dann erfüllt, wenn der ehemalige Arbeitgeber Fertigeiscreme verkaufte und der neue Arbeitgeber Pulver zur Herstellung von Eiscreme. Je weniger Aufwand für den Wechsel vom Kauf von Fertigprodukten zu einer eigenen Produktion nötig ist, desto eher konkurrieren die beiden Geschäfte[273].

Kriterium für die Trennung zwischen konkurrierender und nicht konkurrierender Tätigkeit ist auch die *Verwendbarkeit* der Spezialkenntnisse. Nicht zu verwechseln ist diese Frage aber mit der oben erläuterten rein abstrakten Schädigungsmöglichkeit. Hier ist konkret zu prüfen, ob der Arbeitnehmer über Kenntnisse verfügt, die ihm bei seiner neuen Tätigkeit zu Lasten des alten Arbeitgebers einen Wettbewerbsvorteil bringen. Ist dies zu bejahen, so ist eher von einem Konkurrenzverhältnis auszugehen. Zu weit geht aber HÄFLIGER, wenn er von einer Konkurrenztätigkeit ausgeht, sobald der Arbeitnehmer Spezialkenntnisse verwerten kann, auch wenn das Endprodukt und die damit zu befriedigenden Bedürfnisse der beiden Geschäfte erheblich voneinander ab-

---

272 BGE 92 II 25; BGE 51 II 441; ZivGer BS, JAR 1985, S. 197.

273 In BGE 92 II 22 ff. wurde bei einem Unternehmen, das Aerosol-Abfüllungen vornimmt, die Konkurrierung des Herstellers von Aerosol-Abfüllmaschinen verneint.

weichen[274]. Zwar verleihen diese Kenntnisse dem Arbeitnehmer einen ökonomischen Vorteil, jedoch nicht direkt zu Lasten des ehemaligen Arbeitgebers. Schliesslich kann darauf abgestellt werden, ob durch die Berücksichtigung des einen Geschäfts das Angebot des anderen hinfällig würde[275].

C. *Gleiche Branchenzugehörigkeit*

Schliesslich müssen die fraglichen Unternehmen auch in derselben Branche tätig sein. Deshalb konkurriert die Eisengiesserei nicht mit dem Metallwarengrossisten, obwohl beide zur Metallbranche gehören[276]. Ob auch Unternehmen verschiedener Wirtschaftsstufen[277] miteinander konkurrieren, ist umstritten[278]. Da sie sich in der Regel aber nicht an dieselbe Kundschaft wenden, ist dies grundsätzlich abzulehnen. Allerdings ist hierzu zu bemerken, dass immer mehr Unternehmen verschiedener Wirtschaftsstufen an die gleiche Kundschaft gelangen können. Gerade durch „electronic commerce" werden die klassischen Distributionskanäle durchbrochen, und der Hersteller, Grossist oder Generalimporteur kann direkt mit dem Detaillisten konkurrieren. Deshalb ist es wohl angezeigt, im Einzelfall zu prüfen, ob die Abnehmer der Leistungen nicht trotzdem identisch sind.

D. *Rechtsprechung*

Verneint wurde ein Wettbewerbsverhältnis beispielsweise zwischen einem Waschmaschinenfabrikanten und einer Wäscherei[279], einem Weinhändler und einem Gastwirt[280], einem Glashersteller und einem Fensterproduzenten[281] sowie zwischen einer Futures- und Optionenhandelsfirma und einer Vermö-

---

274 Häfliger, S. 48.

275 Verneint wurde ein Wettbewerbsverhältnis zwischen einem Lastwagenchauffeur für ein Dienstleistungsunternehmen und für eine Steinfabrik, da die beiden Arbeitgeber nicht die gleichen Leistungen erbringen würden (Pra 86 [1997], S. 670 ff.). Hier wäre aber eben die Frage entscheidend gewesen, ob allenfalls der alte Arbeitgeber denselben Fahrauftrag hätte erhalten können oder nicht.

276 Bohny, S. 75 Anm. 92.

277 Beispielsweise der Grossist mit dem Detaillisten.

278 Ablehnend Bohny, S. 76 Anm. 94; BK-Rehbinder, Art. 340 OR N 2; anders Häfliger, S. 47 f.; Brühwiler, Art. 340 OR N 4; GewV, Art. 340 OR N 7.

279 Beispiel aus BGE 92 II 26.

280 BGE 51 II 441.

281 ZivGer BS, JAR 1985, S. 197.

gensverwaltungsfirma[282]. *Bejaht* wurde ein Konkurrenzverhältnis hingegen zwischen zwei Firmen zur Herstellung mechanischer Schutzvorrichtungen auf dem Gebiet der Sicherheitstechnik[283] und zwischen zwei Finanzfirmen im Bereich der Optionen- und Devisengeschäfte[284]; ebenso für zwei Unternehmen im Bereich der Bausubstanzerhaltung[285]. Dies gilt selbst dann, wenn das Leistungsangebot der einen Firma dasjenige der anderen übersteigt[286]. Schliesslich besteht auch zwischen einem Stellenvermittlungsbüro für Dauerstellen und einem Büro für Temporärstellenvermittlung ein Wettbewerbsverhältnis[287].

Weiter stellt sich die Frage, welche Tätigkeiten dem Arbeitnehmer überhaupt untersagt sind. Bei der Ausgestaltung der Konkurrenzverbotsabrede kommt den Parteien ein relativ weiter Spielraum zu. Im Sinne der Subsidiarität darf das Verbot aber nur soweit vereinbart werden, als dies zum Schutz der berechtigten Interessen des Arbeitgebers auch wirklich nötig ist[288].

§ 9 Konkurrierende Tätigkeit

Die verschiedenen Formen konkurrierender Tätigkeit lassen sich ganz allgemein in direkte und indirekte unterteilen. Von direkter Konkurrenz spricht man dann, wenn der Arbeitnehmer ein Konkurrenzgeschäft auf eigene Rechnung betreibt[289], von indirekter Konkurrenz dann, wenn er in einem Konkurrenzbetrieb angestellt ist oder sich an einem solchen Geschäft beteiligt[290]. Diese Konkurrierungsformen stehen grundsätzlich unabhängig voneinander und sind im Gesetz lediglich beispielhaft aufgezählt[291]. Dem Arbeitnehmer kann also auch nur die eine oder andere Form konkurrierender Tätigkeit verboten werden[292]. Die Konkurrenzverbotsabrede muss nicht unbedingt umfassend ausgestaltet sein, d.h. dem Arbeitnehmer ganz allgemein untersagen, in

---

282 AGer ZH, 25.5.1999.
283 AGer ZH, 1.4.1996.
284 Gleicher Abnehmerkreis bei Termingeschäften und anderen Kassageschäften (AGer ZH, 11.4.1994).
285 AGer ZH, 17.2.1994.
286 AGer ZH, 17.2.1994.
287 AGer ZH, 7.8.1991.
288 Siehe dazu unten Seite 49 ff.
290 Art. 340 Abs. 1 OR; siehe S. 47 f.
291 Art. 340 OR; allerdings sind nur schwerlich andere Formen von Konkurrierung denkbar; vgl. Streiff/von Kaenel, Art. 340 OR N 7; BK-Rehbinder, Art. 340 OR N 3.
292 Bohny, S. 77.

einem Konkurrenzunternehmen tätig zu sein (allgemeine oder unternehmensbezogene Konkurrenzklausel). Sie kann ihm nämlich auch nur verbieten, sich in seinem bisherigen Arbeitsgebiet zu betätigen (partielle oder tätigkeitsbezogene Konkurrenzklausel)[293]. Doch darf der Arbeitnehmer auch bei der bloss tätigkeitsbezogenen Konkurrenzklausel nur in einem solchen Betrieb seine Tätigkeit aufnehmen, in dem aufgrund der organisatorischen Struktur eine Verwertung der zu schützenden Kenntnis ausgeschlossen ist[294]. Erwähnt die Konkurrenzklausel nicht alle Varianten verbotener Tätigkeit, so ist Auslegungsfrage, welche Form die Parteien genau verbieten wollten[295]. Im Interesse des Arbeitnehmers ist die fragliche Klausel aber jeweils eng auszulegen und in der Regel nur vom Verbot der genannten Tätigkeiten auszugehen[296].

A. *Der Betrieb eines Konkurrenzgeschäfts*

Enthält die Klausel das Verbot, ein Konkurrenzgeschäft zu betreiben, so darf der Arbeitnehmer dies weder auf eigenen Namen und eigene Rechnung tun[297], noch das Verbot mittels irgendwelchen rechtlichen oder tatsächlichen Konstruktionen, wie beispielsweise des Vorschiebens von Strohmännern, zu umgehen versuchen[298]. Auf die Absicht der Konkurrierung kommt es dabei nicht an[299]. Erforderlich ist hingegen, dass der Arbeitnehmer auch tatsächlich konkurrierend tätig wird[300]. So reicht die blosse Vorbereitung einer solchen Tätigkeit nicht aus[301]. Ebenso ist das Verfassen von Statuten einer Gesellschaft, die eine Konkurrierung zulassen, noch nicht abredewidrig[302].

---

293 Schaub, S. 406; Rehbinder, Mélanges A. Berenstein, S. 287.

294 Schaub, S. 406. Davon erfasst sind insbesondere auch die sogenannten „Kaffeegespräche“.

295 BK-Becker, Art. 356 OR N 12.

296 Vgl. auch AGer ZH, ZR 96 (1997), S. 187; a.A. BK-Becker, Art. 356 OR N 12.

297 Häfliger, S. 49; AGer ZH, 11.12.1996 (bestätigt durch OGer ZH).

298 Häfliger, S. 49 f.; BK-Rehbinder, Art. 340 OR N 3.

299 BK-Rehbinder, Art. 340 OR N 3; Brühwiler, Art. 340 OR N 5. Zu den Konsequenzen bezüglich der Schadenersatzfolgen bei vorsätzlicher Verbotsverletzung siehe unten S. 105 f.

300 BK-Rehbinder, Art. 340 OR N 3.

301 AGer ZH, 2.12.1996

302 KGer ZG, JAR 1986, S. 170 f.; BK-Rehbinder, Art. 340 OR N 3.

B. Die Tätigkeit in einem Konkurrenzgeschäft

Mit der Konkurrenzverbotsabrede kann dem Arbeitnehmer auch jede Form von Betätigung in einem Konkurrenzunternehmen verboten werden; sei es als Arbeitnehmer, Berater im Auftragsverhältnis oder als Agent[303]. Ganz allgemein ist darunter jede Förderung oder Unterstützung eines Konkurrenzunternehmens durch eine Beziehung von einer gewissen Dauer zu subsumieren[304]. Unter besonderen Umständen kann sogar bereits das Vermitteln von Aufträgen an ein Konkurrenzunternehmen davon erfasst sein[305]. Nicht als konkurrierende Tätigkeit zu qualifizieren ist aber in der Regel, wenn der Arbeitnehmer bei einer Firma arbeitet, die zwar den Hauptkonkurrenten des früheren Arbeitgebers wirtschaftlich kontrolliert, selbst aber keiner direkten Konkurrenztätigkeit nachgeht. Der Richter kann dann aber immerhin ein Verbot aussprechen, die Berufskenntnisse beim direkten Konkurrenten einzubringen[306].

Umstritten ist, ob das Konkurrenzverbot nur durch eine entgeltliche Tätigkeit des Arbeitnehmers verletzt werden kann oder auch durch eine unentgeltliche Unterstützung eines Konkurrenzbetriebes[307]. Da das Konkurrenzverbot den Arbeitgeber grundsätzlich vor *schädigender* Ausnutzung bei ihm erworbener Kenntnis schützen soll, ist in erster Linie nicht auf die Entgeltlichkeit der Konkurrenztätigkeit abzustellen, sondern auf die hypothetischen Auswirkungen einer Konkurrenztätigkeit auf den ehemaligen Arbeitgeberbetrieb[308]. Strenggenommen muss also auch eine unentgeltliche Konkurrenztätigkeit als Verbotsverletzung qualifiziert werden, weil der ehemalige Arbeitgeber auch dadurch geschädigt werden könnte. Zu denken ist beispielsweise an das unentgeltliche Einbringen von Geschäftsgeheimnissen in einen Konkurrenzbetrieb[309]. Ob die Verwertung dieser Geheimnisse dem ehemaligen Arbeitnehmer selbst auch materiell etwas einbringt, spielt keine Rolle. Sein persönliches „Entgelt" könnte auch allein in der Schädigung des ehemaligen Arbeitgebers liegen. Die Geschäftsbeziehung zwischen ehemaligem Arbeit-

---

303 Häfliger, S. 50; Streiff/von Kaenel, Art. 340 OR N 7.

304 KGer ZG, ZGGVP 1993/94, S. 119 ff.

305 OGer ZH, JAR 1998, S. 259 f. (für den Fall konkurrierender Tätigkeit während des Arbeitsverhältnisses).

306 AGer NE, JAR 1992, S. 292 ff.

307 So mit gewissen Einschränkungen Streiff/von Kaenel, Art. 340 OR N 7; anders Brühwiler, Art. 340 OR N 5; BK-Rehbinder, Art. 340 OR N 3;

308 Vgl. Häfliger, S. 50.

309 Vgl. auch Streiff/von Kaenel, Art. 340 OR N 7.

nehmer und neuem Arbeitgeber kann schon deshalb nicht von Belang sein, weil der ehemalige Arbeitgeber durch das Konkurrenzverbot bereits vor einer Verlagerung der Kräfte im Wettbewerb zu schützen ist und nicht erst vor einer kommerziellen Verwertung der besonderen Kenntnis durch den Arbeitnehmer. Immerhin sind aber einmalige kleine Gefälligkeitshandlungen ohne nennenswertes Schädigungspotential nicht als Verbotsverletzung zu qualifizieren[310].

C. *Die Beteiligung an einem Konkurrenzgeschäft*

Schliesslich kann mit der Konkurrenzverbotsabrede jede Beteiligung an einem Konkurrenzunternehmen, die mit einer direkten oder indirekten Einflussnahme auf die Geschäftsführung verbunden ist, untersagt werden[311]. Entscheidend ist die Einflussnahme auf die Geschäftsführung deshalb, weil Art. 340 OR den Arbeitgeber nicht vor Konkurrenz schlechthin schützen will, sondern nur vor solcher, welche sich die Spezialkenntnisse zunutze machen könnte[312]. In Betracht kommt demnach die Beteiligung als Mitglied einer einfachen Gesellschaft, einer Kollektivgesellschaft, als unbeschränkt haftendes Mitglied einer Kommanditgesellschaft, als Gesellschafter einer GmbH, als Darleiher eines partiarischen Darlehens oder Bürge einer Bürgschaft[313]. Untersagt ist auch eine Beteiligung grösseren Ausmasses an einer Aktiengesellschaft, falls damit eine Einflussnahme auf die Geschäftsführung möglich wird[314]. Immer muss jedoch der Arbeitnehmer sein Wissen in irgendeiner Form dem Unternehmen zunutze machen können, was bei der Zeichnung von Aktien allein noch nicht der Fall ist[315]. Vom Verbot sind auch hier sämtliche Versuche erfasst, die direkte Beteiligung mit Strohmännern oder irgendwelchen simulierten Geschäften zu verdecken. Nicht als Verbotsumgehung zu qualifizieren ist hingegen, wenn sich der Arbeitnehmer mit einem Kaufrecht die Beteiligung an einem Konkurrenzunternehmen sichert und ihm kein Einfluss auf die Geschäftspolitik des Konkurrenzunternehmens nachgewiesen werden kann[316]. Dem Arbeitnehmer darf in einer solchen Konstellation aber *überhaupt kein* Einfluss auf die Geschäftsführung möglich sein. Ansonsten

310 Häfliger, S. 50.
311 Häfliger, S. 51. In der Regel ist damit auch eine Partizipation am Geschäftsergebnis verbunden.
312 BK-Rehbinder, Art. 340 OR N 3.
313 ZK-Staehelin, Art. 340 OR N 23.
314 Bohny, S. 80; Häfliger, S. 53.
315 BK-Becker, Art. 356 OR N 12.
316 OGer LU, JAR 1996, S. 287.

könnte er den während der Verbotszeit geschaffenen Goodwill durch Ausübung des Kaufrechts später realisieren, was auf eine Verbotsumgehung hinauslaufen würde[317].

Der Tatbestand der Konkurrierung ist immer bereits dann erfüllt, wenn der Arbeitnehmer einer dieser verpönten Beschäftigungen nachgeht, und nicht erst durch die tatsächliche Verwertung der zu schützenden Kenntnisse. Die bloss abstrakte Möglichkeit der Verwertung von Spezialwissen durch die fragliche Tätigkeit genügt. Je nach Ausgestaltung der Wettbewerbsabrede kann der Arbeitnehmer aber in seinem wirtschaftlichen Fortkommen unbillig behindert werden. Deshalb ist das Konkurrenzverbot angemessen zu begrenzen.

4. Abschnitt: Inhaltsschranken

§ 10 Im allgemeinen

Zum Schutz vor einer übermässigen Beschränkung der wirtschaftlichen Entfaltungsmöglichkeiten des Arbeitnehmers ist jedes Konkurrenzverbot örtlich, zeitlich und gegenständlich angemessen zu beschränken[318]. Sprengt ein Verbot die zulässigen Grenzen, so muss es der Richter unter Würdigung aller Umstände nach seinem Ermessen auf das zulässige Mass herabsetzen[319]. Dabei ist eine allfällige Gegenleistung des Arbeitgebers zu berücksichtigen[320].

Das zulässige Ausmass der Konkurrenzverbotsabrede bestimmt sich einerseits durch Art. 340c OR, wonach das Verbot dahinfällt, wenn der Arbeitgeber kein erhebliches Interesse an dessen Aufrechterhaltung mehr hat. Das Konkurrenzverbot kann also von Anfang an immer nur soweit bestehen, als dies die schützenswerten Interessen des Arbeitgebers erfordern[321]. Genügen hierzu andere Massnahmen als ein Konkurrenzverbot, so sind diese zu ergrei-

317 Im soeben erwähnten Entscheid des OGer LU ist eine solche Einflussnahme aber weder behauptet noch bewiesen worden (OGer LU, JAR 1996, S. 291).
318 Art. 340a OR.
319 Art. 340a Abs. 2 OR.
320 Art. 340a Abs. 2 zweiter Halbsatz.
321 Brühwiler, Art. 340a OR N 4.

fen[322]. Andererseits muss es aber unter Umständen bereits dort seine Grenzen finden, wo das wirtschaftliche Fortkommen des Arbeitnehmers unbillig erschwert würde, obwohl es an sich durch die Interessen des Arbeitgebers noch gerechtfertigt wäre[323]. Diese Schranken sind relativ zwingend[324]. Deshalb kann das Konkurrenzverbot auch nicht mittels Vereinbarung oder Zahlung einer Vergütung zuungunsten des Arbeitnehmers über den Umfang der gesetzlichen Vorschriften hinaus erweitert werden[325]. Die Voraussetzungen der Angemessenheit beurteilen sich immer zum Zeitpunkt, in dem das Konkurrenzverbot in Kraft tritt, also zur Zeit der Beendigung des Arbeitsverhältnisses und nicht etwa zum Zeitpunkt des Vertragsabschlusses[326].

In einem ersten Schritt ist also das Interesse des Arbeitgebers an der Wettbewerbsenthaltung in seiner räumlichen, zeitlichen und sachlichen Ausdehnung zu bestimmen. Dabei muss jeweils anhand der Art der zu schützenden Kenntnis das minimal nötige Ausmass ermittelt werden. Anschliessend sind diese Schranken der Erschwerung des wirtschaftlichen Fortkommens des Arbeitnehmers gegenüberzustellen. Schliesslich muss in einer Gesamtabwägung entschieden werden, wann einerseits die Interessen des Arbeitgebers hinreichend geschützt sind und andererseits der Arbeitnehmer in seiner wirtschaftlichen Entwicklung nicht unbillig eingeschränkt wird[327].

§ 11 Örtliche, zeitliche und sachliche Grenzen

A. Örtliche Grenzen

Die Konkurrenzverbotsabrede ist örtlich auf das Gebiet zu beschränken[328], in dem sich der frühere Arbeitgeber überhaupt wirtschaftlich betätigt, und darf jedenfalls nicht darüber hinausgehen[329]. Hierzu ist auf das tatsächli-

---

322 So beispielsweise eine Patentierung; vgl. Bohny, S. 113 Anm. 8; BK-Rehbinder, Art. 340a OR N 5.

323 Art. 340a Abs. 1 OR.

324 Art. 340a und 340c OR, in Art. 362 Abs. 1 OR.

325 BGer, JAR 1990, S. 330 ff.

326 BK-Rehbinder, Art. 340a OR N 1; AGer ZH, 17.2.1997.

327 Siehe dazu unten S. 56 ff.

328 Die Begrenzung kann beispielsweise mittels Bezeichnung bestimmter Orte, Gebiete oder mittels Distanzangaben vorgenommen werden.

329 BGE 92 II 143; AGer ZH, 11.5.1997; BK-Rehbinder, Art. 340a OR N 2; Bohny, S. 125.

che und hypothetische Kundenverhalten und auf die Art der angebotenen Leistungen abzustellen, nicht jedoch auf einen allfälligen Firmensitz[330]. Innerhalb dieses Bereiches muss zusätzlich derjenige Teil ausgeschieden werden, in welchem der Arbeitnehmer gar nicht tätig war, bzw. wo sich sein betriebsspezifisches Wissen überhaupt nicht auswirken kann[331]. Dabei ist zu unterscheiden, ob der Arbeitnehmer lediglich Einblick in den Kundenkreis oder auch in Geschäftsgeheimnisse erhielt. Hatte er nämlich bloss Einblick in einen bestimmten Kundenkreis, so können innerhalb des ganzen Tätigkeitsgebietes des Arbeitgebers nur die tatsächlich vom Arbeitnehmer betreuten Kunden vom Konkurrenzverbot erfasst werden, da er nur aus diesen Beziehungen Nutzen ziehen könnte[332]. Der Arbeitgeber soll nicht generell in seinem Tätigkeitsgebiet vor einer Akquisition neuer Kunden durch den Arbeitnehmer geschützt werden, sondern nur vor einer Ausnutzung der bei ihm erworbenen Kenntnisse[333]. Das Konkurrenzverbot kann demnach ganz allgemein nur soweit verbindlich sein, als die intensiven Geschäftsbeziehungen des Arbeitnehmers reichten[334]. Hatte der Arbeitnehmer aber Einblick in Geschäftsgeheimnisse, so erstreckt sich das Interesse des Arbeitgebers – je nach Art des Geheimnisses – wohl auf den gesamten Wirkungsbereich.

Die örtliche Begrenzung von Konkurrenzverboten muss bezüglich des Einblicks in den Kundenkreis überdacht werden. Es fragt sich nämlich, ob der Einblick in den Kundenkreis in einem bestimmten Gebiet zu einem vollständigen Verbot konkurrierender Tätigkeit führen soll, oder ob er nicht bloss ein Abwerbeverbot im eigentlichen Sinne zu rechtfertigen vermag. Gewährt nämlich das Arbeitsverhältnis dem Arbeitnehmer Einblick in den Kundenkreis, so kann der Arbeitnehmer seinen Wissensvorsprung lediglich bezüglich dieser einzelnen Kunden ausnutzen. Wird aber die Konkurrenztätigkeit im ganzen Gebiet der intensiven Geschäftstätigkeit des Arbeitnehmers generell ausgeschlossen, so wird der Arbeitgeber dadurch auch gegen Konkurrenz in der Akquisition neuer Kunden geschützt. Es ist klar, dass sich in bestimmten Konstellationen aus Praktikabilitätsüberlegungen eine solche Regelung aufdrängen kann. Dennoch geht diese Beschränkung eigentlich über das effektiv Notwendige und Gerechtfertigte hinaus. Aber selbst ein allein auf die Abwerbung be-

---

330 BK-Rehbinder, Art. 340a OR N 2. Zum Konkurrenzverhältnis vgl. oben S. 41 ff.

331 So wurde das Konkurrenzverbot eines Kleinwarenhändlers auf zwei Halbkantone eingeschränkt, weil er tatsächlich nur in diesen tätig war (BGE 91 II 372); vgl. Bohny, S. 126; BK-Rehbinder, Art. 340a OR N 2.

332 BGer, JAR 1990, S. 330 ff.

333 Bohny, S. 126.

334 Brühwiler, Art. 340a OR N 1; zur ganzen Problematik der Angemessenheit siehe unten S. 56 ff.

stehender Kunden beschränktes Konkurrenzverbot kann eine unbillige Erschwerung des wirtschaftlichen Fortkommens des Arbeitnehmers zur Folge haben; dann nämlich, wenn der ehemalige Arbeitgeber eine derart marktbeherrschende Stellung innehat, dass eigentlich nur dessen Kunden für eine Geschäftstätigkeit zur Verfügung stehen. Demnach ist ein auf dem Einblick in den Kundenkreis basierendes Konkurrenzverbot auf ein eigentliches Abwerbeverbot zu beschränken.

B. Zeitliche Grenzen

Jedes Konkurrenzverbot ist zudem in zeitlicher Hinsicht zu begrenzen. Auch hier kann der Schutz des Arbeitgebers nur soweit reichen, als er überhaupt ein berechtigtes Interesse daran haben kann. Nur solange der Arbeitnehmer den Arbeitgeber dank seiner speziellen Kenntnisse erheblich schädigen könnte, darf das Konkurrenzverbot verbindlich sein. Das Interesse am Verbot fällt ganz weg, wenn die fraglichen Kenntnisse ihren Geheimnischarakter verlieren[335]. Das Gesetz legt in Art. 340a Abs. 1 zweiter Halbsatz fest, dass diese Dauer nur unter besonderen Umständen drei Jahre überschreiten darf[336]. Damit ist aber nicht gesagt, dass kürzere Verbote ohnehin angemessen seien. Das Gesetz stellt damit lediglich eine Vermutung – eine Beweisregel – auf, wonach längere Abreden vermutungsweise nicht angemessen sind[337]. Massgebliches Kriterium für die Festsetzung der maximalen Dauer kann und darf immer nur die *Art der zu schützenden Kenntnis* sein[338]. Sobald nämlich die wettbewerbsrelevante Wirkung zu schützender Kenntnis entfällt, verliert zwangsläufig auch das sich darauf stützende Konkurrenzverbot seine Berechtigung. Unterschiede bestehen auch hier zwischen dem Einblick in den Kundenkreis und dem Einblick in Geschäftsgeheimnisse.

Kundenkreise weisen nämlich naturgemäss eine weniger lange Wertbeständigkeit auf als Geschäftsgeheimnisse. Dem Arbeitgeber ist es meist innert relativ kurzer Zeit möglich, einen neuen Arbeitnehmer bei der Kundschaft ausreichend einzuführen[339]. Hat der neue Arbeitnehmer erst einmal eine eini-

335 Art. 340c OR; siehe dazu unten S. 65 ff.

336 Die besonderen Umstände gemäss dem Wortlaut von Art. 340a OR liegen bereits in der Art der zu schützenden Kenntnis. Es müssen also keine darüber hinausgehenden besonderen Verhältnisse gegeben sein.

337 Die Rechtfertigung der längeren Dauer muss der Arbeitgeber beweisen; vgl. Botschaft, S. 400; Häfliger, S. 57; BK-Rehbinder, Art. 340a OR N 3; Bohny, S. 127.

338 Brühwiler, Art. 340a OR N 2.

339 BGE 61 II 94.

germassen persönliche Beziehung zur Kundschaft aufgebaut, so ist der ehemalige Arbeitnehmer nicht mehr leicht in der Lage, diese Kundschaft abzuwerben[340]. Richtwert für die Schutzdauer eines Kundenkreises ist etwa ein halbes Jahr[341]. Je nach Regelmässigkeit der einzelnen Kundenkontakte, d.h. dem zwischen den einzelnen Kontakten liegenden Zeitraum, kommen aber durchaus auch längere Fristen in Betracht. Das BGer bezeichnete in einem neueren Entscheid eine einjährige Schutzdauer eines Kundenkreises jedenfalls als nicht offensichtlich unangemessen[342]. In einem älteren Entscheid wurde im Zusammenhang mit einem Kundenkreis sogar ein zweijähriges Verbot geschützt[343].

Geschäftsgeheimnisse rechtfertigen hingegen im allgemeinen längere Fristen[344]. So kann es beispielsweise Jahre dauern, bis gewisse Geschäftsgeheimnisse patentiert oder kommerziell genutzt werden können und der Arbeitgeber damit ausreichend geschützt ist[345]. Doch sind auch Geschäftsgeheimnisse nicht schlechthin länger zu schützen. Auch bei diesen ist im Einzelfall auf die besonderen Merkmale abzustellen. So sind beispielsweise – sofern sie überhaupt als Geschäftsgeheimnisse zu gelten vermögen – Tarife, Bezugsquellen oder Kenntnis betreffend Betriebsorganisationen in einem schnellebigen Markt nicht lange zu schützen. Fabrikationsgeheimnisse in einem hochtechnologischen Markt hingegen können sehr lange schutzbedürftig sein.

C. Sachliche Grenzen

I. Im allgemeinen

Da der Arbeitgeber nur vor einer ihn konkurrierenden Tätigkeit zu schützen ist, ist die Konkurrenzverbotsabrede auch gegenständlich auf den tatsächlichen Geschäftsbereich des früheren Arbeitgebers zu beschränken. Dies ergibt sich bereits aus dem Begriff der Konkurrenztätigkeit an sich[346]. Innerhalb des gesamten Geschäftszweiges des Arbeitgebers können aber wie-

---

340 Gelingt ihm dies trotzdem, so sind wohl mehr seine persönlichen Eigenschaften entscheidend; vgl. Häfliger, S. 57; Brühwiler, Art. 340a OR N 2; BK-Rehbinder, Art. 340a OR N 3.

341 Häfliger, S. 57; BK-Rehbinder, Art. 340a OR N 3; Bohny, S. 128.

342 BGer, JAR 1997, S. 228.

343 BGE 91 II 372 ff.

344 BGE 91 II 381.

345 Bohny, S. 128; BK-Rehbinder, Art. 340a OR N 3.

346 Art. 340 Abs. 1 OR; Häfliger, S. 58.

derum[347] nur diejenigen Bereiche erfasst werden, in die der einzelne Arbeitnehmer auch Einblick erhalten hat[348]; denn ausserhalb kann er das Unternehmen wegen seiner Spezialkenntnisse überhaupt nicht schädigen[349]. Für den Einblick in den Kundenkreis heisst das, dass das Verbot auf das Abwerben von Kunden des früheren Arbeitgebers zu beschränken ist[350]. Da auch für die Beurteilung des sachlichen Geschäftsbereiches der Zeitpunkt der Beendigung des Arbeitsverhältnisses massgebend ist[351], hat der Arbeitnehmer in der Regel an bis dahin aufgegebenen Bereichen kein Interesse mehr[352]. Bei erst später hinzugekommenen Bereichen fehlt es wohl am notwendigen Einblick. Wird der Arbeitnehmer während des Arbeitsverhältnisses von einem Geschäftsbereich in einen anderen versetzt, so geht das damals vereinbarte Konkurrenzverbot nicht automatisch auf den neuen Bereich über. Es müsste eine schriftliche Anpassung der alten Vereinbarung vorgenommen werden[353].

II. Besonderheiten bei Konzern- und Holdinggesellschaften

Entsprechend den soeben gemachten Ausführungen richtet sich die sachliche Begrenzung von Konkurrenzverboten grundsätzlich nach den geschäftlichen Tätigkeiten des Arbeitgebers. Durch die seit mehreren Jahren zu beobachtende Verflechtung von Unternehmen verlagert sich aber die allein auf die Eigeninteressen beschränkte Ausrichtung einzelner Betriebe immer mehr auf die Interessenwahrung ganzer Unternehmensgruppen. Unklar ist in diesem Zusammenhang, ob sich die Verbindlichkeit von Konkurrenzverboten ausschliesslich auf das Tätigkeitsfeld des eigentlichen Arbeitgeberbetriebes beschränkt oder sich auch auf diejenigen der Mutter-, Tochter- oder Schwestergesellschaft(en) erstrecken kann[354]. In erster Linie ist zu differenzieren, ob die Konkurrenzverbotsklausel den Einbezug dritter Unternehmen ausdrücklich erwähnt oder sich vom Wortlaut her allein auf den eigentlichen Arbeitgeber beschränkt[355].

---

347 Wie schon bei der räumlichen Begrenzung, für den Fall, dass sich das Verbot auf einen Einblick in den Kundenkreis stützt.

348 BK-Becker, Art. 356 OR N 2.

349 BK-Rehbinder, Art. 340a OR N 4.

350 Siehe dazu oben S. 50 f.

351 BGE 72 II 419 f.; Häfliger, S. 59; BK-Rehbinder, Art. 340a OR N 4.

352 Art. 340c OR.

353 Streiff/von Kaenel, Art. 340a OR N 4.

354 Die Verbindlichkeit bejahen: Häfliger, S. 103 ff.; BK-Rehbinder, Art. 340a OR N 4; Bohny, S. 130 (zwar für Holding-, nicht aber für Konzerngesellschaften).

355 Reinfeld, S. 108.

Nennt die Konkurrenzklausel ausschliesslich den eigentlichen Arbeitgeber als geschütztes Unternehmen, so kann der Arbeitnehmer nach seinem Ausscheiden grundsätzlich zu sämtlichen anderen Unternehmen in Wettbewerb treten[356]. Will der Arbeitgeber einen weitergehenden Wettbewerbsschutz, so muss dies grundsätzlich vertraglich besonders vereinbart werden[357]. Ohne eine besondere vertragliche Vereinbarung kann sich aber ausnahmsweise das Konkurrenzverbot auch auf Konzernunternehmen erstrecken, wenn der Arbeitnehmer seinen Arbeitsplatz nach einer rechtlichen Ausgliederung auf eine Tochtergesellschaft behält[358], wenn das Arbeitsverhältnis im Konzern gemäss Vereinbarung „konzernoffen" praktiziert wird, wenn der Vertrag mit der Konzernobergesellschaft den Einsatz des Arbeitnehmers auch in anderen Konzerngesellschaften vorsieht und das auch praktiziert wird und wenn das Konkurrenzverbot mit einer Holdinggesellschaft geschlossen worden ist[359]. Sind die allgemeinen Gültigkeitsvoraussetzungen in den genannten Fällen erfüllt, so erstreckt sich der Wettbewerbsschutz auch auf die fraglichen Konzernunternehmen[360]. Dieses Resultat ist sachgerecht, denn der Einblick in die schützenswerte Kenntnis wurde dem Arbeitnehmer nur aufgrund seiner Stellung im Konzern gewährt, und insofern besteht durchaus ein berechtigtes Interesse an der Erstreckung der Verbindlichkeit des Konkurrenzverbots. Entscheidend ist aber immer, dass die Konkurrenzverbotsabrede auch bezüglich der anderen Gesellschaften den gesetzlichen Erfordernissen genügt und die sachliche Begrenzung entsprechend vorgenommen wird[361]. Über den Bereich, in den der Arbeitnehmer Einblick erhielt, kann das Konkurrenzverbot keinesfalls erweitert werden. Ebensowenig ändert die Erweiterung des Wirkungsbereiches auf Konzernunternehmen etwas an den Schranken, die jedem Konkurrenzverbot durch die unbillige Erschwerung des wirtschaftlichen Fortkommens des Arbeitnehmers gesetzt sind[362].

---

356 Reinfeld, ebd.

357 Martens, S. 244; Reinfeld, S. 108.

358 Ebenso Schaub, S. 408; kritisch Reinfeld, S. 109. Zur Anwendbarkeit von Art. 333 OR siehe unten S. 83 ff. und insbesondere Anm. 542.

359 Martens, S. 244 ff.; Reinfeld, S. 109.

360 Vgl. Pflüger, S. 24.

361 Ausführlich dazu Häfliger, S. 103 ff.

362 Siehe dazu sogleich im Text. Ein Ausgleich zum erweiterten Wirkungsbereich kann jedoch über eine erhöhte Karenzentschädigung geschaffen werden.

§ 12 Erschwerung des wirtschaftlichen Fortkommens

Relative Grenze jedes Konkurrenzverbots und insbesondere eines solchen mit erweitertem Interessenbereich ist die unbillige Erschwerung des wirtschaftlichen Fortkommens des Arbeitnehmers. Zwar beschränkt jedes Konkurrenzverbot den freien Arbeitsplatzwechsel in einem gewissen Ausmass, doch nicht jedes führt zu einer *unbilligen* Erschwerung der wirtschaftlichen Betätigungsfreiheit. Die bisher ermittelte, durch die Interessen des Arbeitgebers maximal gerechtfertigte Ausdehnung des Konkurrenzverbots ist also in einem weiteren Schritt der Erschwerung des wirtschaftlichen Fortkommens des Arbeitnehmers gegenüberzustellen. Vorab kann bereits gesagt werden, dass in der Praxis eine unbillige Erschwerung des wirtschaftlichen Fortkommens nicht leichthin angenommen wird[363].

A. *Im allgemeinen*

Fehlt ein berechtigtes Interesse des Arbeitgebers an der Einhaltung des Konkurrenzverbots überhaupt, so ist das Verbot jedenfalls unbillig. Das geht bereits aus den vorstehend gemachten Ausführungen hervor. Besteht aber ein ausreichendes Interesse des Arbeitgebers, so kann erst eine *umfassende Abwägung der sich entgegenstehenden Interessen* Aufschluss über die Übermässigkeit der Konkurrenzverbotsabrede geben. Grundlage für diese Interessenabwägung bildet auf seiten des Arbeitnehmers eine Prognose über die hypothetische Beschränkungswirkung der Wettbewerbsverbotsabrede. Je stärker das Verbot den Arbeitnehmer einschränkt, um so grösser ist sein Interesse an dessen Begrenzung. In die Prognose sind nebst dem Konkurrenzverbot selbst Faktoren wie der Ausbildungsstand, die berufliche Erfahrung, das Alter und die soziale Situation des Arbeitnehmers einzubeziehen[364]. Ferner sind alternative Erwerbsmöglichkeiten in derselben Branche und sogar die Möglichkeit eines Berufs- oder Branchenwechsels zu berücksichtigen[365]. Ein Berufs- oder Branchenwechsel muss sich aber tatsächlich als realistische Möglichkeit an-

---

363 Brühwiler, Art. 340a OR N 4; Streiff/von Kaenel, Art. 340a OR N 5.

364 Bohny, S. 119.

365 Brühwiler, Art. 340a OR N 4; BK-Rehbinder, Art. 340a OR N 5; Häfliger, S. 54; nach BGer, JAR 1997, S. 228, ist die Berücksichtigung jedenfalls nicht willkürlich. Zum Teil anders Bohny, S. 118 ff., der einen Berufswechsel nur bei einer auf den Arbeitnehmer zugeschnittenen Spezialausbildung durch den Arbeitgeber ausnahmsweise zulassen will.

bieten und ist nicht jedem Arbeitnehmer generell zuzumuten[366]. Immerhin sind für den Fall eines Berufs- oder Branchenwechsels eine allfällige Lohneinbusse und die entfallende Berufserfahrung im angestammten Tätigkeitsgebiet angemessen zu berücksichtigen. Schliesslich sind besondere finanzielle Leistungen des Arbeitgebers einzubeziehen, so insbesondere eine Karenzentschädigung[367]. Nicht zu berücksichtigen sind hingegen nach der bundesgerichtlichen Rechtsprechung Nachteile, die aus einem Wohnsitzwechsel entstehen können, wie beispielsweise aus dem Verkauf einer Liegenschaft[368]. Die Begrenzung des Verbots in örtlicher, zeitlicher und sachlicher Hinsicht ist jeweils gesamthaft zu würdigen. So kann beispielsweise ein sachlich sehr eng begrenztes Verbot länger dauern als ein sachlich offen formuliertes.

Ergibt sich aus der Abwägung, dass das Interesse des Arbeitgebers am vereinbarten Konkurrenzverbot den entgegengesetzten Interessen des Arbeitnehmers zumindest gleichwertig ist, so ist das Verbot nach der herrschenden Ansicht nicht unbillig[369]. Keine unbillige Erschwerung liegt ebenfalls vor, wenn der Arbeitnehmer mangels branchenspezifischer Spezialkenntnisse ohne weiteres eine gleichwertige Arbeitsstelle finden kann[370]. Verunmöglicht das Konkurrenzverbot hingegen dem qualifizierten und hochspezialisierten Arbeitnehmer, in seinem angestammten Beruf tätig zu sein, so führt es trotz einer allfälligen Entschädigung in aller Regel zu einer unbilligen Erschwerung des wirtschaftlichen Fortkommens[371]. Daran sind aber in jeder Hinsicht hohe Anforderungen zu stellen. Auch die Sperre einer ganzen Branche kann bei entsprechend enger Begrenzung des Verbots und einer adäquaten Karenzentschädigung allenfalls zulässig sein[372]. Wird der Arbeitnehmer durch die örtliche Ausdehnung des Verbots faktisch von der Berufsausübung ausgeschlossen, weil er auf diesen bestimmten Standort angewiesen ist, so ist das Konkurrenzverbot zeitlich entsprechend eng zu begrenzen[373]. Gesamthaft darf das Verbot aber dennoch das wirtschaftliche Fortkommen nicht unbillig erschweren. Zudem kann auch nie durch eine sehr enge Begrenzung in einer Hinsicht, z.B.

---

366 Gerade in Zeiten grosser Arbeitslosigkeit kann sich ein Branchenwechsel als fast unmöglich erweisen.

367 Art. 340a Abs. 2 zweiter Halbsatz; der schweizerische Gesetzgeber hat leider auf die Statuierung einer zwingenden Karenzentschädigung verzichtet. Vgl. die Kritik und verfassungskonforme Auslegung in BK-Rehbinder, Art. 340 OR N 13.

368 BGE 96 II 144.

369 Brühwiler, Art. 340a OR N 4; BK-Rehbinder, Art. 340a OR N 5; Häfliger, S. 55; GewV, Art. 340a OR N 6; anders Bohny, S. 115.

370 GewGer ZH, JAR 1980, S. 310; BK-Rehbinder, Art. 340a OR N 5.

371 Häfliger, S. 58.

372 Vgl. BGE 101 II 277; Streiff/von Kaenel, Art. 340a OR N 5; Häfliger, S. 58.

373 BGE 61 II 92 ff.; Brühwiler, Art. 340a OR N 4a.

örtlich, ein in einer anderen Hinsicht, z.B. zeitlich, weitergehender Schutz erreicht werden, als es durch die schützenswerten Interessen des Arbeitgebers wirklich gerechtfertigt ist. Denn absolute Grenze bildet in jedem Fall das einzelne objektiv berechtigte Interesse des Arbeitgebers.

I. Karenzentschädigung

Obwohl der Arbeitnehmer durch die nachvertragliche Wettbewerbsenthaltung eine über seine arbeitsvertraglichen Pflichten hinausgehende Leistung erbringt, hat der schweizerische Gesetzgeber auf eine zwingend zu vereinbarende Karenzentschädigung verzichtet[374]. Bereits der Begründer des schweizerischen Arbeitsrechts, Philipp Lotmar, hatte sie rechtspolitisch gefordert[375]. Das vom Gesetzgeber als einseitige Verpflichtung ausgestattete Konkurrenzverbot wird durch die Vereinbarung einer Karenzentschädigung zu einem zweiseitigen Vertrag[376]. Die Karenzentschädigung ist grundsätzlich als Gegenleistung zur Konkurrenzenthaltung zu verstehen[377]. Da sie allein die Folgen der Beschränkung des wirtschaftlichen Fortkommens mildern soll und ihr keine Schadenersatzfunktion zukommt, ist sie auch unabhängig von einer konkreten Behinderung des Arbeitnehmers geschuldet[378]. Die Entschädigung kann beim Austritt aus dem Arbeitsverhältnis oder während der Dauer der Konkurrenzenthaltung periodisch entrichtet werden. Umstritten ist die Zulässigkeit von Karenzentschädigungen in Form von höheren Lohnzahlungen während des Arbeitsverhältnisses[379]. Wird im Hinblick auf ein nachvertragliches Wettbewerbsverbot ein höherer Lohn als üblich vereinbart und ausbezahlt, so besteht ganz allgemein die Gefahr, dass der Arbeitnehmer die Zahlungen bloss als Gegenleistung zu seiner Arbeit versteht und diese bereits während des Arbeitsverhältnisses verbraucht. Nach Beendigung des Arbeits-

---

374 Vgl. die scharfe Kritik bei BK-Rehbinder, Art. 340 OR N 13, mit einer korrigierenden verfassungskonformen Auslegung.

375 Philipp Lotmar, Schweizerisches Arbeitsvertragsrecht. Forderungen an den Gesetzgeber, hg. von M. Rehbinder, Bern 1991, S. 80.

376 Bohny, S. 121; Brühwiler, Art. 340 OR N 7.

377 Nach Bohny, S. 124, und BK-Rehbinder, Art. 340c OR N 5, ist sie in der Praxis weit verbreitet und soll in der Regel dem zuletzt bezogenen Jahresgehalt ohne Gratifikationen entsprechen. Entschieden anderer Meinung sind Streiff/von Kaenel, Art. 340c OR N 6, wonach gemäss eigener Erfahrung in der deutschen Schweiz in lediglich ca. fünf Prozent aller Fälle eine Karenzentschädigung vorgesehen sei.

378 AppGer BE, JAR 1994, S. 249; Brühwiler, Art. 340 OR N 7.

379 Für die Berücksichtigung sind Brühwiler, Art. 340 OR N 7; AppGer GE, JAR 1988, S. 362; ZK-Staehelin, Art. 340a OR N 6; mit Einschränkung Streiff/von Kaenel, Art. 340a OR N 6; anders BK-Rehbinder, Art. 340a OR N 5; Bohny, S. 120.

verhältnisses steht ihm dann aber nichts mehr zur Verfügung, was unter Umständen eine unbillige Erschwerung seines wirtschaftlichen Fortkommens zur Folge hat. Analog zur Lösung der ähnlichen Problematik beim integrierten Ferienlohn[380] ist eine solche Zahlung nur dann als Karenzentschädigung zu qualifizieren, wenn sie getrennt als Karenzentschädigung bezeichnet und ausgewiesen wird. Die so bis zur Beendigung des Arbeitsvertrages erfolgten Zahlungen sind schliesslich zu summieren und können dann wie eine erst nach Auflösung des Vertrages entrichtete Entschädigung in der Interessenabwägung berücksichtigt werden. Wegen der ungewissen Dauer des Arbeitsverhältnisses und wegen der zum Teil unklaren Abgrenzung gegenüber dem normalen Lohn sind solche Zuschläge aber nicht empfehlenswert. Vielmehr liegt der Verdacht nahe, dass der Arbeitgeber damit nur versucht, reine Lohnbestandteile als Karenzentschädigung zu deklarieren, um sich eine gesonderte Bezahlung zu ersparen.

Die Karenzentschädigung kann als fixe, monatlich zu bezahlende Leistung vereinbart werden, bloss einen Teil des letzten Lohnes ausmachen oder diesem entsprechen. In Betracht kommt auch die Ausgestaltung als eigentliche Lohngarantie. Das heisst, der Arbeitgeber übernimmt jeweils die Differenz zwischen dem von ihm zuletzt bezahlten Salär und dem vom Arbeitnehmer neu erzielten. Der Arbeitnehmer ist dann im Rahmen seiner Schadensminderungspflicht gehalten, seine Arbeitskraft bestmöglich einzusetzen. Geht der Arbeitnehmer in einer solchen Konstellation einer völlig branchenfremden Erwerbstätigkeit nach und erzielt damit lediglich einen Teil seines früheren Einkommens, so kann ihm dies nicht zum Nachteil gereichen, wenn ihm bei der Verletzung des Wettbewerbsverbots eine sehr hohe Konventionalstrafe droht[381].

Auch wenn die Leistung einer Karenzentschädigung die Verbindlichkeit von Wettbewerbsverboten ganz allgemein begünstigt[382], darf ein entgeltliches Konkurrenzverbot das wirtschaftliche Fortkommen des Arbeitnehmers nicht unbillig erschweren. Auch die Bezahlung einer Karenzentschädigung darf nicht zur Annahme verleiten, das wirtschaftliche Fortkommen des Arbeitnehmers sei schon deshalb nicht unbillig erschwert[383]. Schon gar nicht vermag die Karenzentschädigung eine räumliche, zeitliche oder sachliche Erweiterung des Konkurrenzverbots über die berechtigten Interessen des Arbeitgebers hinaus

380 Vgl. dazu Streiff/von Kaenel, Art. 329d OR N 9. BGE 107 II 430 (= Pra 71 [1982], S. 138 ff.).

381 BGE 101 II 227 ff.

382 Vgl. Art. 340a Abs.2 zweiter Halbsatz.

383 Vgl. auch Bohny, S. 121.

zu rechtfertigen[384]. Zu beachten bleibt schliesslich, dass in vielen Berufen bereits eine relativ kurze Abwesenheit zu einer erheblichen Beeinträchtigung der weiteren Berufschancen führen kann. Dem vermag auch eine grosszügig bemessene Karenzentschädigung nicht immer ausreichend Abhilfe zu verschaffen. Immerhin ist die Vereinbarung einer Karenzentschädigung Anzeichen für die Ernsthaftigkeit des Konkurrenzverbots.

II. Besonderheiten betreffend „Internet-Firmen“

Für Arbeitnehmer von Firmen, die ihre Leistungen im Internet anbieten, stellen sich in bezug auf die inhaltliche Begrenzung und die Erschwerung des wirtschaftlichen Fortkommens besondere Schwierigkeiten. Primär ergeben sich diese aus dem Wegfall der Relevanz des örtlichen Tätigkeitsbereiches, weil grundsätzlich alle diese Firmen losgelöst von ihren eigentlichen Standorten und ursprünglichen geographischen Wirkungsbereichen im gleichen virtuellen Raum tätig sind. Die teilzwingende räumliche Begrenzung des Konkurrenzverbots basiert aber auf der Vorstellung einer klassischen gewerblichen Tätigkeit, bei welcher die Unternehmen ihre Leistungen grundsätzlich in einem mehr oder weniger genau bestimmbaren Einzugsgebiet anbieten. Seit der Verbesserung und Verbilligung der Transportmöglichkeiten einerseits und den Möglichkeiten des Internet (electronic commerce) andererseits hat sich dies aber stark geändert. Viele Firmen agieren nicht mehr bloss in einer Region oder in der Schweiz, sondern bieten ihre Leistungen dank des Internet „weltweit“ an. Anstatt von weltweitem Angebot im geographischen Sinne zu sprechen, kann die virtuelle Welt auch als eigener Tätigkeitsbereich bezeichnet werden. Die Interessen des Arbeitgebers sprechen also bei Internet-Firmen meist für eine weltweite Ausdehnung des Verbots[385]. Nicht alle Unternehmen, die ihre Leistungen im Internet anbieten, sind aber bezüglich des Wettbewerbsverbots einander gleichzustellen. Es muss nämlich zwischen Firmen, die an sich nicht virtuelle Leistungen im Internet anbieten, und solchen, die rein virtuelle Leistungen anbieten, unterschieden werden.

Zu den ersten ist beispielsweise ein Fahrradhändler in Zürich zu zählen, der seine Produkte nicht mehr bloss in seinem Geschäft im Seefeld, sondern eben auch im Internet und damit eigentlich weltweit anbietet. Obwohl das Internet den Tätigkeitsbereich dieses Anbieters theoretisch auf die ganze Welt

---

[384] Vgl. Streiff/von Kaenel, Art. 340a OR N 6 a.E.; BGer, JAR 1990, S. 330; BK-Rehbinder, Art. 340a OR N 5.

[385] Von örtlicher Begrenzung kann dann aber strenggenommen nicht mehr die Rede sein.

ausdehnt, sind dem effektiven Tätigkeitsbereich faktisch Grenzen gesetzt. Diese Grenzen ergeben sich beispielsweise aus der Art des angebotenen Produktes, der Exklusivität der angebotenen Leistung[386], aus geographischen und aus sprachlichen Gründen[387]. So lassen sich beispielsweise gewisse Produkte wegen ihrer Verderblichkeit nicht um die ganze Welt transportieren, oder für andere ist ein weiter Versand ökonomisch nicht sinnvoll. Allenfalls muss der Kunde in einer gewissen räumlichen Nähe zum Unternehmen wohnen, weil das verkaufte Produkt etwa regelmässiger Servicearbeiten bedarf. Solche Firmen verfügen wie bisher über ein eigentliches Haupttätigkeitsgebiet, auf das für die örtliche Begrenzung des Verbots weiterhin abgestellt werden kann. Daran ändern auch vereinzelte ausserhalb dieses Gebietes liegende Kundenkontakte nichts. Durch das Aufschalten einer Website allein wird der hier relevante Tätigkeitsbereich noch nicht auf die ganze Welt ausgedehnt. Ansonsten müsste man bereits wegen der Möglichkeit telefonischer Bestellungen oder entsprechender Angebote in Printmedien von einem weltweiten Tätigkeitsbereich sprechen[388]. Das Internet ist für solche Unternehmen lediglich als besondere Form der Werbetätigkeit zu betrachten. Sprechen aber die Interessen des Arbeitgebers ausnahmsweise für eine internationale Erstreckung des Verbots, im Extremfall sogar für eine weltweite „Begrenzung“, so ist eine unbillige Erschwerung des wirtschaftlichen Fortkommens des Arbeitnehmers durch eine entsprechend enge zeitliche und sachliche Begrenzung, verbunden mit einer angemessenen Karenzentschädigung, zu verhindern. Ob international gültige Konkurrenzverbote aber überhaupt durchsetzbar sind, ist letztlich eine Frage des internationalen Rechts. Jedenfalls stellen sich bei der Überwachung und Durchsetzung erhebliche Schwierigkeiten[389].

Je mehr sich solche Firmen auf ihre Tätigkeit im Internet konzentrieren, desto weiter entfernen sie sich von der klassischen Aktivität. Das kann so weit führen, dass das Unternehmen überhaupt kein Geschäftslokal mehr hat. Beispiel dafür wäre ein rein virtuelles Büchergeschäft, das seine Verkaufstätigkeit weltweit über das Internet abwickelt (etwa www.amazon.com). Allenfalls lassen sich aber auch bei solchen Unternehmen Haupttätigkeitsgebiete ausscheiden. Das wäre möglich, wenn beispielsweise ein überwiegender Teil der Be-

---

386 Ist weltweit kein anderer Hersteller eines ähnlichen Erzeugnisses zu finden, so erstreckt sich wohl auch der tatsächliche Tätigkeitsbereich des Arbeitgebers auf die ganze Welt oder zumindest auf die Gebiete mit einer entsprechenden Nachfrage.

387 Vgl. auch Lucas David, in: AJP 1999, S. 1172, bezüglich einer Domain-name-Streitigkeit.

388 Hier ist allerdings einzuräumen, dass die Möglichkeiten des Internet sicher besser sind und einen weltweiten Handel eher ermöglichen als Telefon oder Telefax.

389 Art. 121 IPRG; vgl. dazu auch Grüll/Janert, S. 46.

stellungen von einem bestimmten Land oder Kontinent ausgeht. Anhaltspunkt für eine Konzentration der Tätigkeit auf ein bestimmtes Gebiet kann auch der Ländercode der Internet-Seite sein oder eben die sprachliche Ausrichtung der Website (z.B. .de oder .ch). So existiert beispielsweise bereits eine auf Deutschland und damit auch auf die Deutschschweiz orientierte Internet-Seite der genannten Firma (www.amazon.de). Soweit überhaupt möglich, muss also weiterhin auf das eigentliche Haupttätigkeitsgebiet des fraglichen Unternehmens abgestellt werden. Firmen, die ihre nichtvirtuellen Leistungen *ausschliesslich* im Internet anbieten, sind bezüglich der Wettbewerbsabrede so zu behandeln wie die nachfolgend zu erläuternden Internet-Firmen mit rein virtuellen Dienstleistungen.

Bieten Firmen reine Internet-Dienstleistungen an, so tun sie das alle im gleichen virtuellen Raum. In diesen Fällen kann der Arbeitnehmer nicht verpflichtet werden, seine Tätigkeit anderswo auszuüben, weil für diese Online-Dienste gezwungenermassen nur das Internet zur Verfügung steht. Um eine unbillige Erschwerung des wirtschaftlichen Fortkommens des Arbeitnehmers zu verhindern, bleibt hier lediglich der Weg über eine enge zeitliche und sachliche Begrenzung bzw. über eine angemessene Karenzentschädigung. Was die zeitliche Beschränkung betrifft, so ist zu beachten, dass gerade dieser hochtechnologische Markt einem enorm schnellen Wandel ausgesetzt ist und bereits eine kurze Abwesenheit einem Berufsausschluss gleichkommen kann. Diesem Problem vermag vermutlich auch eine grosszügig bemessene Karenzentschädigung nicht immer Abhilfe zu schaffen[390]. Schliesslich muss versucht werden, die sachlichen Grenzen des Konkurrenzverbots entsprechend eng zu ziehen. So ist genau auf die Art der angebotenen Leistungen abzustellen und das Tätigkeitsverbot lediglich auf den Geschäftsbereich des Arbeitgebers zu beschränken. Auch bei virtuellen Leistungen lassen sich nämlich Branchen bilden. So kann das Verbot beispielsweise auf Online-Brokers beschränkt werden, was dem Arbeitnehmer erlauben würde, für ein Online-Auktionshaus zu arbeiten. Zwar kann der Arbeitnehmer bestimmte besondere Kenntnis zugunsten des neuen Arbeitgebers verwerten, nicht jedoch zu Lasten des ehemaligen Arbeitgebers, weil diese zueinander überhaupt nicht in einem Konkurrenzverhältnis stehen. Die örtliche Begrenzung müsste für solche Verbote konsequenterweise gänzlich fallengelassen werden, da grundsätzlich von jedem Ort der Welt aus eine Internet-Seite aufgeschaltet werden kann. Angesichts des teilzwingenden Charakters der Bestimmung von Art. 340a OR kann aber wohl de lege lata nicht darauf verzichtet werden.

---

[390] Vgl. Häfliger, S. 57; Bohny, S. 122, für Wissenschaftler, Führungskräfte und Programmierer.

B. *Die Rechtsfolgen der Übermässigkeit*

Erweist sich ein Konkurrenzverbot aufgrund einer umfassenden Würdigung der entgegenstehenden Interessen als übermässig, so *muss* es der Richter nach Art. 340a Abs. 2 OR auf das erlaubte Mass herabsetzen[391]. Dies gilt selbst dann, wenn das vereinbarte Konkurrenzverbot überhaupt keine örtliche, zeitliche und sachliche Begrenzung enthält[392]. Die Einschränkung eines generellen Konkurrenzverbots durch den Richter stellt aber prozessual zumindest ein teilweises Unterliegen dar[393]. Art. 340a Abs. 2 OR ist gegenüber den allgemeinen Normen der Art. 27f. ZGB und der Art. 19f. OR lex specialis und schliesst *im Rahmen der von ihm erfassten Sachverhalte* eine Anwendbarkeit der allgemeinen Regeln über die Nichtigkeit von Verträgen aus[394]. Für eine Anwendbarkeit derselben müssten also andere als die in Art. 340a OR genannten Sachverhalte gegeben sein[395]; dann beispielsweise, wenn die Unsittlichkeit des Wettbewerbsverbots nicht im zu grossen Umfang besteht, oder wenn nebst dem zu grossen Umfang das Verbot nach seinem restlichen Inhalt oder nach den Umständen seiner Eingehung als unsittlich zu betrachten ist[396]. Die Spezialnorm von Art. 340a Abs. 2 OR bringt dem Arbeitnehmer gegenüber den allgemeinen Bestimmungen einen verstärkten Schutz, weil bereits eine unbillige Erschwerung des wirtschaftlichen Fortkommens die Gültigkeit in Frage stellt und nicht erst deren Aufhebung[397].

---

[391] Vgl. ausführlich dazu BK-Rehbinder, Art. 340a OR N 6.

[392] Das Konkurrenzverbot darf nicht etwa wegen Formmangels für ungültig erklärt werden. Die Verbotsklausel muss nach Treu und Glauben ausgelegt werden, was bedeutet, dass die Zustimmung zu einem unbeschränkten Konkurrenzverbot so zu verstehen ist, dass der Arbeitnehmer jederzeit und überall nicht konkurrierend tätig sein darf; vgl. BGE 96 II 141 f.; Häfliger, S. 60; Brühwiler, Art. 340a OR N 5; BK-Rehbinder, Art. 340a OR N 6 a.E.; Kuhn, S. 71, mit Hinweisen auf die Bundesgerichtspraxis; anders Schweingruber, Art. 340a OR N 5; Streiff/von Kaenel, Art. 340a OR N 7; Bohny, S. 117.

[393] Streiff/von Kaenel, Art. 340a OR N 4.

[394] Häfliger, S. 60 f., und Brühwiler, Art. 340a OR N 6, schliessen eine Anwendung der allgemeinen Regeln *generell* aus; anders BK-Rehbinder, Art. 340a OR N 6; GewV, Art. 340 OR N 6 mit Hinweis auf BGE 95 II 535 f.; Kuttler, S. 15.

[395] Busse, S. 114. Im schweizerischen Recht fehlt hingegen – anders als in § 138 BGB – ein expliziter Vorbehalt der allgemeinen Bestimmungen. Allenfalls sind die Bestimmungen sogar kumulativ anwendbar, wenn der fragliche Vertrag zwar Elemente eines Arbeitsvertrages enthält, sich aber nicht eindeutig genug als solcher qualifizieren lässt; vgl. BGE 102 II 215 (= Pr. 65 [1976], Nr. 263).

[396] Kuttler, S. 15.

[397] Bohny, S. 118.

Bezüglich der Reduktion unbilliger Wettbewerbsverbote stellt sich die Frage nach den Entscheidungskompetenzen des Richters. Nach dem Wortlaut von Art. 340a Abs. 2 OR kann der Richter „ein übermässiges Konkurrenzverbot unter Würdigung aller Umstände nach seinem Ermessen einschränken; er hat dabei eine allfällige Gegenleistung des Arbeitgebers angemessen zu berücksichtigen". Klar ist, dass der Richter übermässige Verbote in örtlicher, zeitlicher und sachlicher Hinsicht beschränken und eine allfällige Konventionalstrafe auf das zulässige Mass herabsetzen kann. Fraglich ist hingegen aufgrund des Wortlautes, ob er auch eine zu tiefe Karenzentschädigung erhöhen bzw. den Arbeitgeber sogar ohne ursprüngliche Vereinbarung einer Karenzentschädigung zur Leistung einer solchen verpflichten kann. Einschlägige Entscheide sind – soweit ersichtlich – hierzu nicht vorhanden. Auch ein Blick über die nördliche Grenze der Schweiz vermag keine Antwort auf diese Frage zu geben[398]. Immerhin lehnt BOHNY eine solche Erhöhungsmöglichkeit ab, da dem Richter eine reine Ermässigungskompetenz zukomme[399]. Die herrschende Praxis scheint der Ansicht von BOHNY zu sein, ansonsten ja einschlägige Entscheide zu finden wären. Auf den ersten Blick ist dem auch zuzustimmen, da das Gesetz dem Richter lediglich die Kompetenz gibt, ein übermässiges Verbot „ein[zu]schränken". Nun stellt sich aber die Frage, ob nicht die ratio legis und allenfalls im Einzelfall auch der hypothetische Parteiwille eine gegenteilige Auslegung der Bestimmung zuliessen. Zweck von Art. 340a Abs. 2 OR ist nämlich, den Arbeitnehmer gegen übermässige Verbote überhaupt zu schützen und gleichzeitig den gänzlichen Wegfall unbilliger Verbote zugunsten des Arbeitgebers zu verhindern. In den Entscheid über die Gültigkeit des Wettbewerbsverbots sind sämtliche Elemente einzubeziehen, eben die örtliche, sachliche und zeitliche Ausdehnung und andererseits aber auch eine Karenzentschädigung. Sind nun die Folgen des Verbots wegen einer unbilligen Erschwerung des wirtschaftlichen Fortkommens des Arbeitnehmers abzuschwächen, so ist entweder die inhaltliche Ausdehnung des Verbots einzuschränken oder die Karenzentschädigung zu erhöhen. Ergibt sich beispielsweise, dass ein auf das Minimum beschränktes Wettbewerbsverbot ohne Karenzentschädigung nicht gültig sein kann, so fragt sich, ob der Richter – letztlich auch im Interesse des Arbeitgebers – nicht durch Vertragsergänzung eine Karenzentschädigung festsetzen können müsste, falls dadurch eine unbillige Fortkommenserschwerung verhindert werden könnte. Die Bestimmung von Art. 340a Abs. 2 OR muss doch so verstanden werden, dass der Richter die *Beschränkungswir-*

---

[398] Vom BAG wurde noch kein solcher Fall entschieden (vgl. Grüll/Janert, S. 49). Gegen eine Erhöhungskompetenz ist Buchner, Rz. C 277.

[399] Bohny, S. 136.

kung des Wettbewerbsverbots unter Würdigung aller Umstände ermässigen muss, sei dies durch eine engere inhaltliche Beschränkung oder durch Festsetzen einer Karenzentschädigung. Dass im Falle der Karenzentschädigung eine „Erhöhung" vorgenommen wird, ändert nichts an der Tatsache, dass die erschwerende Wirkung des Verbots eingeschränkt wird.

5. Abschnitt: Wegfall des Konkurrenzverbots

Auch wenn sich ein Konkurrenzverbot als verbindlich erweist, kann es aus verschiedenen Gründen wegfallen. Immer entfällt es mit Ablauf der vereinbarten Dauer, und zwar unabhängig davon, ob sich der Arbeitnehmer an das Verbot gehalten hat oder nicht[400]. Nebst diesem ordentlichen Untergangsgrund sieht das Gesetz den Wegfall mangels erheblicher Interessen des Arbeitgebers[401] und wegen begründeter Kündigung durch den Arbeitnehmer bzw. wegen nicht gerechtfertigter Kündigung durch den Arbeitgeber vor[402]. Weiter kommt eine Aufhebung durch gegenseitige Übereinkunft, zufolge Lohnverzugs und aufgrund eines Verzichts des Arbeitgebers in Frage[403]. Besondere Auswirkungen auf das Konkurrenzverbot sind schliesslich mit einem Betriebsübergang verbunden[404].

§ 13 Wegfall mangels Interesse des Arbeitgebers

Das Konkurrenzverbot fällt grundsätzlich dahin, wenn der Arbeitgeber nachweisbar kein erhebliches Interesse an dessen Aufrechterhaltung mehr hat[405]. Das ist dann der Fall, wenn der Arbeitnehmer den Arbeitgeber durch die Verwendung der zu schützenden Kenntnis nicht mehr erheblich schädigen könnte[406]. So zum Beispiel bei einer vollständigen Geschäftsaufgabe des ehe-

---

400 Häfliger, S. 88.

401 Art. 340c Abs. 1 OR. Siehe dazu sogleich im Text.

402 Art. 340c Abs. 2 OR. Siehe dazu unten S. 67 ff.

403 Siehe dazu unten S. 76 ff.

404 Siehe dazu unten S. 83 ff.

405 Art. 340c Abs. 1 OR. Die Beweislast dafür trifft immer den Arbeitnehmer (Art. 8 ZGB).

406 Entsprechend Art. 340 Abs. 2 OR; OGer ZH, JAR 1984, S. 251; Häfliger, S. 88; BK-Rehbinder, Art. 340c OR N 2; Brühwiler, Art. 340c OR N 1.

maligen Arbeitgebers, einer Aufgabe des Geschäftszweiges, in dem der Arbeitnehmer tätig war, einer Verlegung der Geschäftstätigkeit in ein anderes Gebiet[407] oder beim Wegfall der Geheimnisqualität der geschützten Informationen[408]. Massgebend ist nicht bloss die momentane Situation, sondern ob für die *ganze rechtliche Dauer* des Konkurrenzverbots ein erhebliches Interesse des Arbeitgebers nicht mehr bestehen wird[409]. Deshalb vermag eine Vereinbarung mit dem neuen Arbeitgeber, wonach eine Konkurrenzierung des alten Arbeitgebers ausgeschlossen wird, allein noch keinen Wegfall des Verbots zu bewirken. Denn dadurch wird die Möglichkeit eines späteren Stellenwechsels noch nicht ausgeschlossen[410]. Auch eine mündliche oder schriftliche Änderung des Arbeitsvertrages betreffend Funktion oder Lohn des Arbeitnehmers lässt das Konkurrenzverbot nicht generell entfallen[411]. Nicht schützenswert ist aber ein Interesse des Arbeitgebers, dem Arbeitnehmer die Kündigung zu erschweren, um sich dadurch eine „günstige" Arbeitskraft zu erhalten[412].

Eine besondere Interessenlage besteht, wenn eine Arbeitnehmerin ihrem ehemaligen Vorgesetzten zur Konkurrenz folgt und der frühere Arbeitgeber diesen Vorgesetzten von der Einhaltung des Wettbewerbsverbots entbunden hat[413]. Daraus könnte gefolgert werden, dass der ehemalige Arbeitgeber sein berechtigtes Interesse an der Aufrechterhaltung des Konkurrenzverbots bezüglich der subalternen Angestellten verloren hat[414]. Vom Verzicht auf die Einhaltung des Verbots beim einen Angestellten kann aber nicht generell auf den Wegfall des Interesses am Verbot beim anderen geschlossen werden. Denn für den Verzicht können durchaus andere Gründe ausschlaggebend gewesen sein, wie beispielsweise die Verpflichtung zur Bezahlung einer hohen Karenzentschädigung. Durch die Tätigkeit im gleichen Betrieb wie ihr ehemaliger Vorgesetzter kann die subalterne Angestellte den alten Arbeitgeber zwar vermutlich dort nicht mehr erheblich schädigen[415], aber allenfalls durch eine Tätigkeit in einem anderen Unternehmen. Es ist immer die Möglichkeit

---

407 BK-Becker, Art. 360 OR N 1.

408 Brühwiler, Art. 340c OR N 1; BK-Rehbinder, Art. 340c OR N 2; Schweingruber, Art. 340c OR N 3.

409 BK-Becker, Art. 360 OR N 1. Ein erhebliches Interesse besteht auch dann weiter, wenn bloss noch eine *theoretische* Schädigungsmöglichkeit vorhanden ist.

410 BK-Rehbinder, Art. 340c OR N 2. Zudem könnten ja der neue Arbeitgeber und der Arbeitnehmer die Vereinbarung im gegenseitigen Einverständnis auch wieder aufheben.

411 AGer ZH, 19.2.1992.

412 OGer ZH, JAR 1987, S. 271.

413 Vgl. AGer ZH, 17.2.1997.

414 So AGer ZH, 17.2.1997.

415 Vgl. auch BGer, JAR 1988, S. 349.

eines Stellenwechsels einzubeziehen[416]. Eine angemessene Lösung in einer solchen Konstellation wäre, das Konkurrenzverbot zwar für diesen bestimmten Betrieb wegfallen zu lassen, für andere Betriebe aber aufrechtzuerhalten[417].

In der Praxis ist der Wegfall des Konkurrenzverbots mangels Interesse des Arbeitgebers nur von geringer Bedeutung, und entsprechend selten sind einschlägige Gerichtsentscheide[418]. In einem neueren Entscheid jedoch bejahte das Arbeitsgericht Zürich den Wegfall eines Konkurrenzverbots[419]. Die betroffene Firma verlor die Generalvertretung für bestimmte Kugellager, und das Konkurrenzverbot des Arbeitnehmers war spezifisch auf diese Produkte und auf die Belieferung bestehender Kunden beschränkt. Durch den Wegfall der Generalvertretung und damit der vom Konkurrenzverbot erfassten Produkte aus dem Sortiment sei auch das Interesse des Arbeitgebers am Konkurrenzverbot weggefallen. Der Anwendungsbereich von Konkurrenzverbotsabreden sei ganz allgemein eng auszulegen[420].

Von wesentlich grösserer Bedeutung als der Wegfall mangels Interesse des Arbeitgebers sind die Fälle des Wegfalls zufolge Auflösung des Arbeitsverhältnisses.

§ 14 Auflösung des Arbeitsverhältnisses

Das Konkurrenzverbot fällt nämlich nach Art. 340c Abs. 2 OR dahin, wenn der Arbeitgeber das Arbeitsverhältnis kündigt, ohne dass ihm der Arbeitnehmer dazu begründeten Anlass gegeben hat, oder wenn es der Arbeitnehmer aus einem begründeten, vom Arbeitgeber zu vertretenden Anlass auflöst. Für die Auswirkungen auf das Konkurrenzverbot spielt es keine Rolle, ob das Arbeitsverhältnis fristlos oder durch eine ordentliche Kündigung aufgelöst wird. Das ist bloss eine Frage der Auflösungsmodalität, die unabhängig vom Wegfall des Konkurrenzverbots auf ihre Berechtigung hin zu prüfen ist.

416 Vgl. auch Rehbinder, Schranken und Wegfall des Konkurrenzverbots, S. 97.
417 So auch ZK-Staehelin, Art. 340c OR N 2.
418 Häfliger, S. 89; Brühwiler, Art. 340c OR N 1; Kuhn, S. 102.
419 AGer ZH, 7.6.1999.
420 AGer ZH, 7.6.1999.

A. *Kündigung durch den Arbeitgeber*

I. Im allgemeinen

Kündigt der Arbeitgeber das Arbeitsverhältnis, *ohne* dass ihm der Arbeitnehmer dazu *begründeten Anlass* gegeben hat, so fällt das Konkurrenzverbot grundsätzlich dahin[421]. Damit soll verhindert werden, dass der Arbeitgeber, der einem Arbeitnehmer eine weitere Tätigkeit in seinem Betrieb ohne berechtigten Grund versagt, diesem auch noch die Betätigung in einem anderen Betrieb verwehren oder erschweren kann[422]. Ob der Arbeitgeber berechtigten Grund zur Kündigung hatte, kann der Arbeitnehmer aufgrund der schriftlichen Begründung beurteilen[423]. Unterlässt der Arbeitgeber die schriftliche Begründung trotz entsprechender Aufforderung, so soll das Konkurrenzverbot – nach umstrittener Ansicht – bereits deswegen wegfallen[424]. Im Resultat weichen die unterschiedlichen Auffassungen aber nicht so sehr voneinander ab, wie dies vorderhand erscheint. Einigkeit herrscht nämlich darin, dass das Konkurrenzverbot jedenfalls nicht entfällt, wenn der Arbeitnehmer nicht gutgläubig war[425]. War er aber gutgläubig, so muss er sich vorerst auch auf den Wegfall des Konkurrenzverbots verlassen können. Dem Arbeitgeber muss es aber trotz unterlassener Begründung der Kündigung noch möglich sein, diese Gründe nachzuliefern, um so den Beweis des begründeten Anlasses antreten zu können[426]. Erweist sich die Kündigung dann als berechtigt, so ist das Verbot grundsätzlich verbindlich. Das „Nachschieben" muss aber prozessual und bezüglich der Schadenersatzfolgen entsprechend berücksichtigt werden[427]. Massgebend für den Wegfall oder Fortbestand des Konkurrenzverbotes ist

---

421 Art. 340c Abs. 2 OR.

422 BGE 76 II 228; ZBJV 88, S. 377, zit. in: Kuhn, S. 103; BK-Rehbinder, Art. 340c OR N 3; Brühwiler, Art. 340c OR N 2.

423 Der Arbeitgeber muss die ausgesprochene Kündigung schriftlich begründen, wenn dies der Arbeitnehmer verlangt (Art. 335 bzw. 337 Abs. 1 OR).

424 Den Wegfall bejahen BGE 70 II 162 f.; BK-Rehbinder, Art. 340c OR N 3; Häfliger, S. 92; Vischer, S. 200; ablehnend Streiff/von Kaenel, Art. 340c OR N 3 und N 8; Brühwiler, Art. 340c OR N 2.

425 BK-Rehbinder, Art. 340c OR N 3; Brühwiler, Art. 340c OR N 2.

426 BK-Rehbinder, Art. 340c OR N 3; AGer ZH, 6.4.1995.

427 Streiff/von Kaenel, Art. 340c OR N 3. Der Arbeitnehmer wird entsprechend nicht kosten- und entschädigungspflichtig. Was das Verschulden an der „Übertretung" des Verbots und die damit verbundenen Folgen betrifft, siehe unten S. 105 f.

immer, ob die Kündigung des Arbeitgebers *tatsächlich* aufgrund eines begründeten Anlasses ausgesprochen wurde oder nicht[428].

Begründeten Anlass zur Kündigung hat der Arbeitgeber grundsätzlich dann, wenn das Verhalten des Arbeitnehmers bei vernünftiger Betrachtungsweise Anlass zur Kündigung geben kann, auch wenn es unter Umständen die sofortige Auflösung des Arbeitsverhältnisses noch nicht rechtfertigen würde[429]. Der Arbeitnehmer muss sich also mindestens solche Illoyalitäten zuschulden kommen lassen, die eine Auflösung des Arbeitsverhältnisses als plausible Folge erscheinen lassen[430]. Dies ist grundsätzlich dann gegeben, wenn der Arbeitnehmer das in ihn gesetzte Vertrauen durch ungebührliches Benehmen, durch Verletzung von Sorgfalts- oder Treuepflichten, durch schlechte Arbeit oder ähnliches Verhalten enttäuscht[431]. Zwar muss der begründete Anlass nicht notwendigerweise einen wichtigen Grund im Sinne von Art. 337 Abs. 2 OR darstellen, er muss aber immerhin von solcher Bedeutung sein, dass bei vernünftiger Betrachtungsweise von einem erheblichen Anlass zur Kündigung gesprochen werden kann[432]. Diese Schwelle liegt deutlich tiefer als bei der fristlosen Kündigung[433]. Eine ungerechtfertigte fristlose Kündigung ist durch die im Gesetz vorgesehenen Massnahmen zu sanktionieren[434], führt aber nicht automatisch zum Wegfall des Konkurrenzverbots. Vielmehr ist auch dann zu prüfen, ob die Kündigungsgründe für sich betrachtet wenigstens als begründeten Anlass qualifiziert werden können. Ob dies erfüllt ist, ist jeweils im Einzelfall zu untersuchen[435].

Der Grund zur Kündigung muss sich immer in der Person des Arbeitnehmers verwirklichen; rein objektive Gründe reichen hierfür nicht aus[436]. Deshalb lässt beispielsweise eine Kündigung aus Restrukturierungsgründen das Konkurrenzverbot grundsätzlich entfallen. Entdeckt aber der Arbeitgeber

---

428 Vgl. dazu Brühwiler, Art. 340c OR N 2; vgl. auch BGer, JAR 1981, S. 69.

429 Botschaft, S. 402, unter Berufung auf BGE 92 II 35 f.; AGer ZH, ZR 96 (1997), S. 187; BGE 82 II 143; Häfliger, S. 90; BK-Rehbinder, Art. 340c OR N 3.

430 Nach BK-Rehbinder, Art. 340c OR N 3, muss der Grund bei vernünftiger Betrachtungsweise eine Fortsetzung des Arbeitsverhältnisses auf die Dauer für den Arbeitgeber unzumutbar machen; Kritik bei Brühwiler, Art. 340c OR N 2, und Streiff/von Kaenel, Art. 340c OR N 4, wonach diese Auslegung zu eng sei.

431 Häfliger, S. 90.

432 Häfliger, S. 90, mit Hinweisen auf die Rechtsprechung.

433 OGer ZH, JAR 1998, S. 256. Die hohen Anforderungen an den wichtigen Grund von Art. 337 Abs. 2 OR rechtfertigen sich grundsätzlich wegen der Kurzfristigkeit der Vertragsauflösung.

434 Art. 337b OR.

435 Häfliger, S. 90.

436 Vgl. dazu unten S. 76 f.

noch während der Kündigungsfrist, dass der Arbeitnehmer konkurrierend tätig ist, und kündigt er ihm unmittelbar darauf fristlos, so wird das Konkurrenzverbot trotz vorgehender ordentlicher Kündigung mit der ausserordentlichen verbindlich[437]. Für den Bestand oder Wegfall des Verbots ist nämlich allein entscheidend, dass der Arbeitgeber im Zeitpunkt der Beendigung berechtigte Kündigungsgründe geltend machen kann, nicht jedoch, ob eine ordentliche oder fristlose Kündigung ausgesprochen wurde[438]. Sollten die vorgebrachten Gründe für eine fristlose Kündigung dennoch nicht ausreichen, so können sie immer noch den Anforderungen von Art. 340c OR genügen.

Zwischen dem begründeten Anlass und der Kündigung muss aber immer ein adäquater Kausalzusammenhang bestehen[439]. Deshalb muss der Arbeitgeber das Arbeitsverhältnis grundsätzlich auf den nächstmöglichen ordentlichen Kündigungstermin auflösen, wenn der Arbeitnehmer mit einem einmaligen Fehlverhalten begründeten Anlass zur Kündigung gegeben hat[440]. Unterlässt er dies, so wird der Kausalzusammenhang durch die längere Untätigkeit vermutungsweise unterbrochen. An die „Reaktionszeit" sind zwar nicht die gleich hohen Anforderungen wie bei der fristlosen Entlassung zu stellen[441], doch sind erst viel später geltend gemachte Gründe vermutlich bloss vorgeschoben und damit unbeachtlich[442]. Kumulieren sich hingegen mehrere untergeordnete Gründe derart, dass sie in ihrer Gesamtheit als berechtigten Anlass zu qualifizieren sind, so können diese im einzelnen durchaus längere Zeit auseinanderliegen[443]. Haben schliesslich – wie so oft in Dauerschuldverhältnissen – Verfehlungen beider Parteien zur Kündigung beigetragen, so ist anhand einer Abwägung der einzelnen Verfehlungen auf das grössere Verschulden abzustellen[444]. Ergibt sich aus dieser Abwägung, dass das Verschulden des Arbeitnehmers mindestens so schwer wiegt wie das des Arbeitgebers, so bleibt das Konkurrenzverbot grundsätzlich bestehen. Dem Mitverschulden des Arbeitgebers kann dann aber im Fall einer Übertretung des Verbots durch eine

---

437 AGer ZH, 6.4.1995 (bestätigt durch OGer ZH); BGer, JAR 1981, S. 69.

438 AGer ZH, 6.4.1995 (bestätigt durch OGer ZH).

439 Rehbinder, Schranken und Wegfall des Konkurrenzverbots, S. 99; OGer ZH, JAR 1982, S. 224; OGer ZH, JAR 1981, S. 184.

440 Falls nicht bereits ein Grund für eine fristlose Entlassung gegeben ist.

441 BGer, JAR 1985, S. 277.

442 „Wer erst Jahre später reagiert, wird eher legitime Gründe suchen als besitzen" (Streiff/von Kaenel, Art. 340c OR N 4); vgl. Häfliger, S. 91; Rehbinder, Schranken und Wegfall des Konkurrenzverbots, S. 99; BGer, JAR 1984, S. 253.

443 OGer ZH, ZR 98 (1999), S. 317 f.; Häfliger, S. 91.

444 BGer, JAR 1981, S. 68 ff.; BK-Becker, Art. 360 OR N 7; Häfliger, S. 94 f.; BK-Rehbinder, Art. 340c OR N 3; Streiff/von Kaenel, Art. 340c OR N 4.

Reduktion der Sanktionen Rechnung getragen werden[445]. Im umgekehrten Fall fällt das Konkurrenzverbot hingegen vollständig dahin, und der Richter kann es nicht in reduziertem Umfang trotzdem gelten lassen[446].

II. Rechtsprechung

Ein *begründeter Anlass* ist beispielsweise gegeben, wenn der Arbeitnehmer die Übernahme eines Konkurrenzbetriebes plant[447], bei konkurrierender Tätigkeit[448], bei vorsätzlicher Schlechterfüllung der Arbeitspflicht[449], bei Verüben von bestimmten Straftaten[450], bei fortgesetzter Unpünktlichkeit und unentschuldigtem Fernbleiben von der Arbeit[451] und bei Tätlichkeiten im Betrieb[452]. Ein begründeter Anlass kann auch darin liegen, dass das Vertrauensverhältnis aufgrund der allgemeinen Verhaltensweise des Arbeitnehmers gestört wird. Insbesondere bei Angestellten auf höchster Führungsebene sind höhere Anforderungen an eine korrekte Verhaltensweise zu stellen[453].

Keinen begründeten Anlass zur Kündigung hat der Arbeitgeber hingegen bei bloss einmaligem „Blaumachen“[454], forschem Einfordern der fälligen Lohnansprüche durch den Arbeitnehmer[455], ausnahmsweisen Streitigkeiten mit Mitarbeitern, bei kurzfristigem Abfallen der Arbeitsleistung oder bei einmaliger Weigerung, Überstunden zu leisten[456].

---

445 BGer, JAR 1981, S. 69 f.; Streiff/von Kaenel, Art. 340c OR N 4; BK-Rehbinder, Art. 340c OR N 3; Bohny, S. 143.

446 Häfliger, S. 95 Anm. 367.

447 BGE 92 II 36 ff.

448 Bejaht in AGer ZH, 28.9.1998; verneint in Pra 86 (1997), S. 670 ff.

449 BGE 82 II 143 f.

450 Vgl. Streiff/von Kaenel, Art. 340c OR N 4; so beispielsweise eine Veruntreuung.

451 So für unentschuldigtes Fernbleiben über einen Monat (AGer ZH, 28.9.1998); BK-Rehbinder, Art. 340c OR N 3.

452 Brühwiler, Art. 340c OR N 2; Kuhn, S. 103.

453 BezGer Bülach, JAR 1997, S. 232, unter Hinweis auf Hutterli, S. 83 f.

454 BK-Rehbinder, Art. 340c OR N 3.

455 AGer ZH, ZR 96 (1997), S. 188.

456 Kuhn, S. 104; BK-Rehbinder, Art. 340c OR N 3.

B. Kündigung durch den Arbeitnehmer

I. Im allgemeinen

Kündigt der Arbeitnehmer aus einem begründeten, vom Arbeitgeber zu vertretenden Anlass, so fällt das Konkurrenzverbot ebenso dahin wie bei einer nicht berechtigten Kündigung durch den Arbeitgeber[457]. Denn es wäre unbillig, den Arbeitnehmer trotz des Fehlverhaltens des Arbeitgebers in seiner Betätigungsfreiheit zu beschränken. An den begründeten Anlass zur Kündigung sind deshalb auch dieselben Anforderungen zu stellen wie an die Kündigung durch den Arbeitgeber. Das heisst, es sind nicht unbedingt solche Gründe erforderlich, die auch eine fristlose Auflösung des Arbeitsverhältnisses rechtfertigen würden[458]. Hingegen können Gründe, die erst nach ausgesprochener Kündigung ohne begründeten Anlass bekanntgeworden sind, den Wegfall des Konkurrenzverbots nicht mehr rechtfertigen[459]. Dann fehlt es am erforderlichen Kausalzusammenhang[460]. Die Nichtangabe der Kündigungsgründe allein vermag den Wegfall des Konkurrenzverbots aber nicht zu verhindern[461]. Doch ist die anfängliche Nichtangabe der Gründe auch hier bei einem allfälligen späteren Prozessverlust des gutgläubigen Arbeitgebers entsprechend zu berücksichtigen.

Gibt der Arbeitgeber durch einmaliges Fehlverhalten begründeten Anlass zur Kündigung, so muss der Arbeitnehmer das Arbeitsverhältnis grundsätzlich „umgehend" auflösen. Der Arbeitnehmer verwirkt sein Recht, sich auf einen Auflösungsgrund im Sinne von Art. 340c OR zu berufen, aber nicht schon dadurch, dass er nicht innerhalb einer kurzen Bedenkfrist die Kündigung erklärt. Denn nach der Rechtsprechung des Bundesgerichtes ist ganz allgemein eine Verwirkung dieser Einwendung nicht leichthin anzunehmen[462]. Jedenfalls sind an die Reaktionszeit nicht die gleich hohen Anforderungen zu

---

457 Art. 340c Abs. 2 OR; vgl. dazu oben S. 68 ff.

458 BK-Rehbinder, Art. 340c OR N 4; Brühwiler, Art. 340c OR N 3.

459 BK-Rehbinder, Art. 304c OR N 4; BGE 76 II 228 f.

460 BGE 76 II 228 f.; BK-Rehbinder, Art. 340c OR N 4; Brühwiler, Art. 340c OR N 3. Zwischen der Kündigung und den geltend gemachten Gründen ist immer ein Kausalzusammenhang vorausgesetzt (KGer GR, PKG 1992, S. 60).

461 BGer, JAR 1985, S. 277; BK-Rehbinder, Art. 340c OR N 4. Zur Kündigung durch den Arbeitnehmer siehe oben S. 68 bei Anm. 424.

462 BGer, JAR 1985, S. 277. Die Verwirkung wird jedoch angenommen in BGE 82 II 145 f.

stellen wie bei der fristlosen Kündigung[463]. Auch wenn die Verfehlungen, die beispielsweise zu einem schlechten Betriebsklima führen, im einzelnen nicht als begründeten Anlass zu qualifizieren sind, können sie in ihrer Gesamtheit die Auflösung des Arbeitsverhältnisses dennoch rechtfertigen und zum Wegfall des Konkurrenzverbots führen[464]. An die zeitliche Konnexität ist dann kein rigoroser Massstab zu stellen[465]. Bei beidseitigem Verschulden muss ebenfalls grundsätzlich auf das grössere Verschulden abgestellt werden[466]. Ergibt eine Gesamtwürdigung der beiderseitigen Verfehlungen, dass das Verschulden des Arbeitgebers überwiegt, so fällt das Konkurrenzverbot gänzlich dahin. Ansonsten bleibt es bestehen, doch kann es der Richter entsprechend dem Verschulden des Arbeitgebers nach Art. 340a OR herabsetzen[467]. Dasselbe gilt bei gleichwertigem Verschulden der Parteien[468]. Das Verbot bleibt auch dann bestehen, und der Richter kann es nach Ort, Zeit und Gegenstand angemessen reduzieren. Das rechtfertigt sich deshalb, weil nur bei einer Aufrechterhaltung des Verbots eine differenzierte Lösung möglich ist, nicht hingegen bei einem Wegfall[469]. Bleibt bei gleichwertigem Verschulden der Parteien nach einem Verstoss gegen das Verbot nur noch die Vertragsstrafe zu beurteilen, weil die Verbotsdauer bereits abgelaufen ist, so kann der Richter dem Mitverschulden des Arbeitgebers immerhin durch eine angemessene Reduktion der Vertragsstrafe Rechnung tragen[470].

Obwohl eine Kündigung aus begründetem Anlass zum Wegfall des nachvertraglichen Konkurrenzverbots führt, ist der Arbeitnehmer während der Kündigungsfrist und bis zur Beendigung des Arbeitsverhältnisses aus Art. 321a OR noch in beschränktem Umfang an das gesetzliche Konkurrenzverbot gebunden. Während dieser Zeit darf er zwar nicht aktiv Kunden oder Lieferanten abwerben[471], immerhin aber eine nachvertragliche konkurrierende Tätigkeit vorbereiten[472].

---

463 BGer, JAR 1985, S. 277.

464 OGer ZH, ZR 98 (1999), S. 317 f.

465 OGer ZH, ZR 98 (1999), S. 317 f.; Häfliger, S. 91, für die Kündigung des Arbeitgebers.

466 BGer, JAR 1981, S. 68 f.

467 BGer, JAR 1981, S. 71.

468 BGer, JAR 1981, S. 71; anders BK-Rehbinder, Art. 340c OR N 4, unter Hinweis auf denselben Entscheid. Das Verbot soll unverändert weiterbestehen und das Mitverschulden des Arbeitgebers nur bei der Sanktion für Verstösse gegen das Verbot nach Art. 163 Abs. 2 OR berücksichtigt werden.

469 BGer, JAR 1981, S. 71.

470 Art. 163 Abs. 2 OR; BGer, JAR 1981, S. 70 f.; BK-Rehbinder, Art. 340c OR N 4.

471 OGer ZH, JAR 1998, S. 258 f.

472 OGer ZH, JAR 1998, S. 259; BGer, JAR 1993, S. 265; BGer, JAR 1990, S. 229; BK-Rehbinder, Art. 321a OR N 9; ebenso AGer ZH, ZR 96 (1997), S. 187 f., wonach der

II. Rechtsprechung

Einen *begründeten Anlass* zur Kündigung hat der Arbeitnehmer etwa bei einer wesentlich unter dem Marktüblichen liegenden Entlöhnung[473], bei mangelnder Abhilfe gegen chronische Arbeitsüberlastung trotz seiner Mahnung[474], bei Vorwürfen an einen langjährigen Vertreter, ausgebrannt zu sein und unter dem Minimum zu akquirieren[475], bei schlechtem Betriebsklima[476], bei Druckausübung des Arbeitgebers zum Akzeptieren ungünstigerer Vertragsbedingungen[477] und bei Nichteinhalten von Zusicherungen[478]. Ebenso begründeten Anlass zur Kündigung geben die Versetzung eines Filialleiters[479], allenfalls auch eine Verlegung des Gesellschaftssitzes[480], Unregelmässigkeiten in der Abrechnung des Arbeitgebers[481] und eine derart einschneidende Vertragsänderung, dass der Wille des Arbeitnehmers zur Fortsetzung des Arbeitsverhältnisses massiv erschüttert wird[482]. Der Arbeitnehmer hat weiter begründeten Anlass zur Kündigung bei andauernder Kurzarbeit trotz seines Aufhebungsbegehrens[483], bei der Einführung von Kurzarbeit von ungewisser Dauer, verbunden mit einer Lohnreduktion um sechs Prozent, trotz normaler Arbeitszeiten und voller Auslastung[484] und bei der Rückstufung vom Gebietsleiter

---

Treuepflicht im gekündigten Arbeitsverhältnis eine weniger herausragende Stellung zukommt; insbesondere dann, wenn der Arbeitnehmer zufolge Ferienbezugs gar nicht mehr in den Arbeitsprozess integriert ist. Unter anderem ist auch die Stellung des Arbeitnehmers ausschlaggebend, da sie direkten Einfluss auf das Mass an Loyalität hat. Vgl. zu letzterem auch Hutterli, S. 34.

473 BGE 110 II 172; nicht jedoch generell die Ablehnung einer besseren Entlöhnung (BGE 82 II 143; AmtsGer SO, JAR 1983, S. 213).

474 OGer ZH, JAR 1990, S. 335.

475 KGer SG, JAR 1982, S. 220 f.

476 OGer ZH, ZR 98 (1999), S. 317 f.; AGer ZH, 17.12.1997; BGer, JAR 1981, S. 68.

477 AGer ZH, JAR 1983, S. 224 f.

478 OGer TG, JAR 1988, S. 370; AGer ZH, JAR 1983, S. 224 f.

479 RBOG 1987, S. 11 ff.

480 Zum Beispiel von Zürich nach Urdorf, was für die Arbeitnehmerin aus Luzern zu einer Verlängerung des Arbeitsweges von täglich zweimal zwanzig Minuten führte (AGer ZH, 12.5.1997).

481 KGer GR, PKG 1992, S. 62.

482 AppGer TI, JAR 1998, S. 255. Schlägt der Arbeitgeber vor, eine Umsatzgarantie von Fr. 48'000.– zu streichen, so liegt darin ein begründeter Anlass zur Kündigung.

483 OGer ZH, JAR 1998, S. 256 und AGer ZH, 27.1.1995.

484 AGer ZH, 28.3.1994 (bestätigt durch OGer ZH).

zum Verkäufer[485]. Ebenfalls zum Wegfall des Konkurrenzverbots führt die Kündigung des Arbeitnehmers, wenn er nach zehnjähriger Tätigkeit sein Einzelbüro plötzlich mit einem neuen Mitarbeiter teilen, Mittagspausen melden muss und seine Prämienabrechnungen durch den Arbeitgeber undurchsichtig und nicht überprüfbar gemacht werden[486]. Es genügt auch das Scheitern einer versprochenen Firmenübernahme durch den Arbeitnehmer, weil z.B. der Kaufpreis plötzlich erhöht wird[487]. Ebenso bei Lohnverzug trotz zusätzlicher Fristansetzung durch den Arbeitnehmer[488]. Sicherlich ausreichend ist, wenn der Chef mit dem Unternehmensberater nichts mehr bespricht, er die Lohnzahlungen bis zu drei Wochen verspätet überweist und schliesslich Versicherungsleistungen für den Arbeitnehmer kassiert, obwohl dieser voll arbeitet[489].

Kein begründeter Anlass zur Kündigung ist hingegen anzunehmen, wenn der Arbeitgeber eine von einer Arbeitnehmerin als unfähig bezeichnete Geschäftsführerin einstellt, ohne dass dadurch die Lohnansprüche der Arbeitnehmerin gefährdet werden[490]. Die Arbeitnehmerin muss dem Arbeitgeber ausreichend Zeit lassen, die Probleme zu lösen[491]. Ebenfalls kein begründeter Anlass zur Kündigung besteht bei einem Führungswechsel, der zwar mit strengeren Kontrollen verbunden ist, aber sonst keine wesentlichen Änderungen bringt[492], bei Provisionseinbussen infolge eines branchenweiten Umsatzrückgangs[493] oder der Zustellung abgeänderter Arbeitsverträge, wenn sich der Arbeitnehmer gegen die Abänderung als solche nicht wehrt[494].

---

485 OGer ZH, ZR 97 (1998), S. 167: Der Arbeitgeber hätte dem Arbeitnehmer kündigen und einen neuen Vertrag anbieten müssen (Änderungskündigung; vgl. AGer ZH, 11.11.1996).

486 AGer ZH, ZR 96 (1997), S. 187 f.

487 AGer ZH, 22.12.1994 (Vergleich vor OGer ZH).

488 Auch eine Verspätung um einen Tag genügt, und die Gründe für die Verspätung spielen dabei keine Rolle (AGer ZH, 2.11.1994).

489 AGer ZH, 13.7.1994.

490 AGer ZH, 11.5.1997.

491 AGer ZH, 11.5.1997; ebenso AmtsGer Hochdorf, JAR 1983, S. 208 f.

492 AGer ZH, 19.10.1992.

493 GewGer ZH, JAR 1980, S. 307 ff.

494 OGer BE, JAR 1983, S. 201 f.

C. Kündigung aus objektiven Gründen

Ein begründeter Anlass zur Kündigung liegt immer nur dann vor, wenn er durch ein Verhalten der Gegenpartei gesetzt wurde. Rein objektive Gründe sind hingegen von derjenigen Partei zu tragen, in deren Risikobereich sie eingetreten sind[495]. Entsprechend fällt das Konkurrenzverbot dahin, wenn der Arbeitgeber aus betrieblichen Gründen nach einem Umsatzrückgang oder aus Restrukturierungsgründen das Arbeitsverhältnis kündigen muss. Das Konkurrenzverbot bleibt aber bestehen, wenn der Arbeitnehmer beispielsweise aus gesundheitlichen Gründen oder wegen persönlicher Probleme seine Tätigkeit nicht mehr genügend erfüllen kann und ihm der Arbeitgeber deswegen kündigt[496]. Allenfalls können im einen oder anderen Fall Billigkeitsgründe zum Wegfall oder Fortbestand des Konkurrenzverbots führen, was im einzelnen anhand einer Interessenabwägung festgestellt werden muss[497].

D. Auflösung durch Zeitablauf, Eintritt einer Bedingung und Aufhebung durch Vereinbarung

Ist das Arbeitsverhältnis für eine bestimmte Zeit oder für die Dauer der Erledigung bestimmter Arbeiten abgeschlossen worden, und wird es von den Parteien nach Fristablauf weder ausdrücklich noch stillschweigend fortgesetzt, so wird das Konkurrenzverbot, wenn nichts anderes vereinbart worden ist, in vollem Umfang wirksam[498]. Den befristeten Arbeitsverhältnissen sind diejenigen gleichgestellt, deren Beendigung vom Eintritt eines künftigen Ereignisses abhängig gemacht wird. Rechtstechnisch handelt es sich dabei zwar nicht um eine Befristung, sondern um einen resolutiv bedingten Arbeitsvertrag[499]. Dieser wird aber rechtlich gleich behandelt[500]. Das bedeutet für die Verbindlichkeit des Konkurrenzverbots, dass mit dem Eintritt der Bedingung das Konkur-

495 Streiff/von Kaenel, Art. 340c OR N 7; Brühwiler, Art. 340c OR N 2.
496 Streiff/von Kaenel, Art. 340c OR N 7; AppGer BS, BJM 1996, S. 20.
497 AppGer BS, BJM 1996, S. 20; Brühwiler, Art. 340c OR N 3; BK-Rehbinder, Art. 340c OR N 4.
498 Grüll/Janert, S. 72 f.
499 Vgl. Art. 154 OR; BK-Rehbinder, Art. 334 OR N 7.
500 BGE 108 II 115; BGE 96 II 55; ZK-Staehelin, Art. 334 OR N 12; BK-Rehbinder, Art. 334 OR N 7; Vischer, S. 160; Brühwiler, Art. 334 OR N 1; anders Müller, S. 39 f., welcher resolutiv bedingte Arbeitsverträge nicht den befristeten gleichstellt, sondern diese anhand der Gültigkeitsvoraussetzungen der ausserordentlichen Kündigung misst.

renzverbot vollumfänglich wirksam ist, wenn die Parteien nichts anderes vereinbart haben.

Lösen die Parteien das Arbeitsverhältnis ohne besondere Regelung betreffend die bestehende Konkurrenzverbotsabrede im gegenseitigen Einverständnis auf, so fragt sich, ob damit das Konkurrenzverbot automatisch entfällt. Nach der herrschenden Meinung besteht das Wettbewerbsverbot fort, da es sich bei der einverständlichen Aufhebung des Arbeitsvertrages eben gerade nicht um eine Auflösung durch eine Partei im Sinne von Art. 340c Abs. 2 OR handelt[501]. Zur Vermeidung unnötiger Auseinandersetzungen ist aber jedenfalls eine ausdrückliche Regelung empfehlenswert[502]. Dieser Ansicht ist insofern zuzustimmen, als der Aufhebungsvertrag kein Anwendungsfall von Art. 340c Abs. 2 OR darstellen kann. Hingegen soll nicht generell durch das Fehlen einer Regelung darauf geschlossen werden, dass die Konkurrenzverbotsabrede weiterbesteht. Vielmehr muss aufgrund einer Vertragsauslegung ermittelt werden, wie die Lücke zu schliessen ist[503]. Hierbei ist unter anderem auf die Regelungsgenauigkeit des Aufhebungsvertrages abzustellen. Wird darin beispielsweise lediglich die einvernehmliche Aufhebung auf ein bestimmtes Datum hin festgehalten, so spricht das wohl eher für den Weiterbestand des Verbots. Anders verhält es sich hingegen, wenn der Vertrag eine detaillierte Regelung vieler Streitpunkte enthält. Die Tatsache nämlich, dass zwar ein genauer Aufhebungsvertrag erstellt wird, die Konkurrenzverbotsabrede darin aber unerwähnt bleibt, spricht für eine Aufhebung des Verbots. Hätte der Arbeitgeber nämlich ein berechtigtes Interesse am Verbot, so würde dies auch in einem solchen Aufhebungsvertrag seinen Ausdruck finden. Diese Lösung rechtfertigt sich auch unter dem Gesichtspunkt, dass das wirtschaftliche Fortkommen des Arbeitnehmers durch ein Wettbewerbsverbot regelmässig massiv erschwert wird. Deshalb soll nicht generell zu Lasten des Arbeitnehmers entschieden werden[504]. Vielmehr soll das Fehlen einer diesbezüglichen Regelung als Indiz für ein mangelndes Interesse des Arbeitgebers betrachtet werden. Um so mehr muss diese Auslegung Anwendung finden, wenn der alte Arbeitsvertrag mit Konkurrenzverbotsabrede durch einen neuen Vertrag ohne entsprechende Klausel ersetzt wird[505].

---

501 Häfliger, S. 94; Müller, S. 104; Bohny, S. 144 Anm. 120; ebenso Grüll/Janert, S. 73.

502 Grüll/Janert, S. 73; Müller, S. 104.

503 Vgl. zum Ganzen Gauch/Schluep, N 1196 ff.

504 Anders Müller, S. 104, der die Konkurrenzverbotsabrede – auch zum Vorteil des Arbeitnehmers – lediglich als Konkretisierung der nachvertraglichen Interessenwahrungspflicht betrachtet.

505 Anders AGer ZH, 16.10.1989.

E. Spezialfälle der Auflösung des Arbeitsverhältnisses

Für die vorstehend erörterten Fälle der Auflösung des Arbeitsverhältnisses wurde jeweils stillschweigend davon ausgegangen, dass der Arbeitnehmer die Arbeitsstelle bereits angetreten hat und die Probezeit schon verstrichen ist. Auf die beiden Spezialfälle, eben die Auflösung des Arbeitsverhältnisses vor Antritt der Arbeitsstelle und während der noch andauernden Probezeit, soll nachfolgend eingegangen werden.

I. Vor Antritt der Arbeitsstelle

Kommt es trotz abgeschlossenen Arbeitsvertrages durch vorzeitige Kündigung[506] gar nicht erst zur Aufnahme der Arbeit, so ist das Wettbewerbsverbot normalerweise unwirksam[507]. Dem liegt die Überlegung zu Grunde, dass der Arbeitnehmer in der Regel keine schützenswerten Kenntnisse erlangt, wenn er gar nie im Betrieb gearbeitet hat. Trotz der vorzeitigen Beendigung des Arbeitsverhältnisses kann das Konkurrenzverbot aber ausnahmsweise verbindlich sein, wenn der Arbeitnehmer schon vor Dienstantritt intensiv eingewiesen wurde und er so Informationen erhielt, die durch das Konkurrenzverbot gerade geschützt werden sollten[508]. Allerdings dürften diese Fälle angesichts der strengen Voraussetzungen der Art. 340 ff. OR die Ausnahme bilden.

II. Auflösung des Arbeitsvertrages während der Probezeit

Kommt es bereits während der Probezeit[509] zur Auflösung des Arbeitsverhältnisses, so kann die Konkurrenzverbotsabrede nach der herrschenden Ansicht dennoch verbindlich sein[510]. Dem ist grundsätzlich zuzustimmen. SCHWEINGRUBER und KUHN sind jedoch der Meinung, dass es unbillig sei, den

---

506 Vgl. dazu Rehbinder, Arbeitsrecht, Rz. 59.

507 Schaub, S. 410.

508 Grüll/Janert, S. 18.

509 In der Regel der erste Monat eines Arbeitsverhältnisses, maximal jedoch drei Monate (Art. 335 OR).

510 BK-Rehbinder, Art. 340 OR N 14, mit Hinweisen auf die Rechtsprechung; Bohny, S. 65; Häfliger, S. 40; Hutterli, S. 74; Vischer, S. 192 Anm. 13; GewV, Art. 340 OR N 17; Grüll/Janert, S. 18, mit Hinweisen auf die ständige Praxis des BAG; a.A. Schweingruber, Art. 340 OR N 12; Kuhn, S. 55; Brunner/Bühler/Waeber, Art. 340 OR N 8.

Arbeitnehmer einerseits hinsichtlich Kündigung zur Unzeit, Krankheit und Ferien schlechtzustellen und ihn andererseits dennoch mit einem Konkurrenzverbot belegen zu können. Es sei zu bedenken, dass die Probezeit den Parteien die Möglichkeit einer kurzfristigen Vertragsauflösung verschaffen wolle[511]. Dieser Einwand hat durchaus seine Berechtigung; dennoch ist zu beachten, dass die gesetzliche Regelung nicht zwischen der Beendigung des Arbeitsverhältnisses während der Probezeit und nach deren Ablauf unterscheidet[512]. Für die Verbindlichkeit des Konkurrenzverbots ist ja nebst den übrigen Voraussetzungen nur erforderlich, dass ein gültiges Arbeitsverhältnis besteht und der Arbeitnehmer Einblick in schützenswerte Kenntnis erhielt, deren Verwertung den Arbeitgeber erheblich schädigen könnte[513]. Das kann grundsätzlich auch bei einer Auflösung während der Probezeit erfüllt sein. Wieweit sich die kurze Dauer des Arbeitsverhältnisses auf die Beschränkung des Verbots auswirken muss, ist fraglich. Die herrschende Ansicht bejaht grundsätzlich eine angemessene Berücksichtigung. Dem ist nicht unbedingt zuzustimmen. Die kurze Dauer des Arbeitsverhältnisses wirkt sich bereits von selbst auf die Verbindlichkeit des Konkurrenzverbots aus, weil der Arbeitnehmer in der Regel innert der kurzen Probezeit überhaupt keinen schützenswerten Einblick erhält[514]. Werden ihm aber solche Geheimnisse zur Kenntnis gebracht, so ist der Arbeitgeber gleichermassen gegen eine Ausbeutung zu schützen wie bei einer Auflösung nach der Probezeit. Massgebend für die Begrenzung des Verbots sind allein die Art der zu schützenden Kenntnisse und die Erschwerung des wirtschaftlichen Fortkommens des Arbeitnehmers, nicht jedoch, ob der Arbeitnehmer das schützenswerte Wissen während eines kurzen oder langen Anstellungsverhältnisses erworben hat. Würde anders entschieden, so wäre der Arbeitgeber gezwungen, allfällige Geschäftsgeheimnisse vor dem neuen Arbeitnehmer abzuschirmen, im Extremfall den Arbeitnehmer vorerst noch gar nicht in seinem eigentlichen Tätigkeitsbereich arbeiten zu lassen. Dadurch würde aber die Probezeit ihren eigentlichen Zweck eher verlieren als durch eine ausnahmsweise bestehende Verbindlichkeit des Konkurrenzverbots. Zudem würde dadurch die Betriebsspionage geradezu erleichtert, indem der Arbeitnehmer noch während der Probezeit den Betrieb verlassen könnte und erst noch durch eine kürzere Dauer der Konkurrenzverbotsabrede begünstigt wür-

511 Schweingruber, Art. 340 OR N 12; Kuhn, S. 55.

512 Auf die Aufnahme einer Sondervorschrift für diese Fälle wurde bewusst verzichtet: Botschaft, S. 400; vgl. auch OGer ZH, JAR 1985, S. 192.

513 Vgl. oben S. 9 ff.

514 Botschaft, S. 400.

de[515]. Die kurze Dauer des Arbeitsverhältnisses kann aber allenfalls als Indiz für das Fehlen der einen oder anderen Voraussetzung betrachtet werden[516].

Nach der Botschaft[517] sollen Vertragsabreden, die den Arbeitnehmer im Anschluss an eine relativ kurze Probezeit zu einer relativ langfristigen Konkurrenzenthaltung verpflichten, unter dem Gesichtspunkt der übermässigen Bindung nach Art. 27 Abs. 2 ZGB und Art. 20 Abs. 1 OR allenfalls als nichtig erklärt werden können[518]. Die Bestimmungen des Arbeitsrechts über das Konkurrenzverbot[519] stellen aber Spezialbestimmungen zu diesen allgemeinen Regeln dar[520]. Für die Anwendung von Art. 27 ZGB und Art. 20 OR bleibt im Bereich des Arbeitsrechtes nur noch dort Raum, wo die Konkurrenzverbotsabrede nicht wegen ihres Umfangs, sondern aus anderen Gründen unsittlich erscheint[521]. Die Botschaft erkennt zwar richtig, dass der Umfang des Konkurrenzverbots nicht von der Dauer des Arbeitsverhältnisses abhängen darf, dennoch will sie aber den Bedenken der Arbeitnehmer in irgendeiner Form Rechnung tragen[522]. Da es vorliegend aber ausschliesslich um die Frage des Umfangs des Konkurrenzverbots geht, ist einzig auf die besonderen arbeitsrechtlichen Regeln abzustellen.

---

515 Vgl. auch die diesbezügliche Relativierung bei Kuhn, S. 56.

516 AGer ZH, 23.12.1998.

517 Botschaft, S. 400.

518 „[...] Auch können solche Ausnahmefälle mit Hilfe der allgemeinen Rechtsgrundsätze in billiger Weise entschieden werden. Vor allem können Vertragsabreden, die den Arbeitnehmer im Anschluss an eine relativ kurze Probezeit zu einer relativ langfristigen Konkurrenzenthaltung verpflichten, unter dem Gesichtspunkt der übermässigen Bindung nach Art. 27 Abs. 2 des Zivilgesetzbuches und Art. 20, Abs. 1 des Obligationenrechts als nichtig erklärt werden. Die Aufnahme einer Vorschrift, welche diese Sonderfälle regelt, drängt sich deshalb nicht auf“ (Botschaft, S. 400).

519 Die Strenge der arbeitsrechtlichen Bestimmungen erklärt sich aus der wirtschaftlichen und sozialen Ungleichheit der Vertragsparteien; vgl. BGE 95 II 535; kritisiert in BK-Bucher, Art. 27 ZGB N 383.

520 Häfliger, S. 19.

521 Vgl. oben S. 16; Art. 340a OR sanktioniert bereits die unbillige Erschwerung des wirtschaftlichen Fortkommens und nicht erst die Aufhebung der wirtschaftlichen Entscheidungsfreiheit. Vgl. auch Häfliger, S. 19 f.

522 Botschaft, S. 399.

§ 15 Verzicht des Arbeitgebers

A. *Im allgemeinen*

Nicht nur die obengenannten Gründe können zum Wegfall des Konkurrenzverbots führen, sondern der Arbeitgeber kann auch auf die Einhaltung des Konkurrenzverbots verzichten. Er kann dies nicht nur explizit, sondern auch formlos, ja sogar konkludent oder stillschweigend tun; so beispielsweise durch längeres bewusstes Dulden konkurrierender Tätigkeit oder durch widerspruchslose Zusammenarbeit mit dem konkurrierenden Arbeitnehmer[523]. Allerdings ist bei der Annahme eines Verzichtes Zurückhaltung geboten. Der weitverbreitete Zusatz in Arbeitszeugnissen, wonach der Arbeitnehmer das Unternehmen „frei von jeder Verpflichtung" verlasse, kann nur dann als Verzicht auf das Konkurrenzverbot ausgelegt werden, wenn der Arbeitgeber diese Erklärung vorbehaltlos abgibt[524]. Kein Verzicht ist aber anzunehmen, wenn der Arbeitgeber unmittelbar nach Ausstellung des Arbeitszeugnisses erklärt, am Konkurrenzverbot festhalten zu wollen[525]. Zeigt der Arbeitgeber lediglich kein grösseres Interesse an der Weiterführung des Arbeitsverhältnisses, so kann daraus noch nicht auf einen Verzicht auf das Konkurrenzverbot geschlossen werden[526]. Ein konkludenter Verzicht kommt aber dann in Betracht, wenn ein subalterner Angestellter seinem ehemaligen Chef in die neue Firma folgt, der Chef vom Verbot befreit worden ist und das schützenswerte Wissen des subalternen Angestellten nicht über dasjenige des Vorgesetzten hinausgeht[527]. Der Verzicht lässt sich aber vermutlich nur bezüglich des konkreten Unternehmens bejahen[528].

---

523 BezGer SG, JAR 1994, S. 246.

524 AGer GE, JAR 1994, S. 249; AGer ZH, 13.7.1994; Brühwiler, Art. 340c OR N 4; Streiff/von Kaenel, OR 340c N 6.

525 KG ZG, JAR 1983, S. 222; Brühwiler, Art. 340c OR N 4.

526 AGer NE, JAR 1992, S. 292.

527 AGer ZH, 17.2.1997, wo jedoch ein Interessenverlust des Arbeitgebers angenommen wurde.

528 Siehe auch oben Seite 65 f. bei Anm. 413.

B. *Auswirkungen auf die Karenzentschädigung*

Verzichtet der Arbeitgeber auf die Einhaltung des Konkurrenzverbots, so stellt sich die Frage, ob damit auch automatisch die Verpflichtung zur Leistung einer vereinbarten Karenzentschädigung entfällt. Grundsätzlich fällt die Verpflichtung nur dann weg, wenn es vertraglich so vereinbart wurde und der Verlust der Entschädigung das wirtschaftliche Fortkommen des Arbeitnehmers nicht unbillig erschwert[529]. In der Literatur wird die Ansicht vertreten, dass ein Verzichts- und Kündigungsrecht – ebenfalls unter Einhaltung einer Kündigungsfrist – auch ohne entsprechende Vereinbarung bestehen müsse[530]. Grundsätzlich erscheint es zwar begrüssenswert, wenn vermehrt auf Konkurrenzverbote verzichtet wird und der jeweilige Arbeitnehmer sich wieder frei betätigen kann. Das Wiedererlangen der vollen wirtschaftlichen Betätigungsfreiheit – unter Verlust der vereinbarten Karenzentschädigung – bringt dem Arbeitnehmer aber nur scheinbar etwas. Denn der Arbeitgeber verzichtet vermutlich nur dann auf das Konkurrenzverbot, wenn ihm das Unterlassen der Konkurrenztätigkeit weniger wert ist, als ihn die Zahlung der Entschädigung kostet. Dem Arbeitgeber würde damit also ermöglicht, je nach Wertentwicklung der Konkurrenzenthaltung auf das Konkurrenzverbot zu verzichten. Der Arbeitnehmer könnte also immer nur schlechtergestellt werden, egal, wie sich der Arbeitgeber entscheidet, bzw. wie sich die Lage entwickelt. Ohne entsprechende Vereinbarung kann dies nicht zulässig sein. Zudem ist zu beachten, dass die Karenzentschädigung grundsätzlich zur Abschwächung der negativen Folgen der Beschränkung der Betätigungsfreiheit vereinbart wird. Erweist sich nun aus irgendwelchen Gründen der vom Verbot betroffene Tätigkeitsbereich nicht nur für den Arbeitgeber, sondern auch für den Arbeitnehmer als wirtschaftlich nicht mehr interessant, so soll der Arbeitnehmer nicht auch noch der Karenzentschädigung verlustig gehen. Umgekehrt kann der Arbeitnehmer auch nicht auf die Karenzentschädigung verzichten und sich damit vom Konkurrenzverbot befreien. Gründe, weshalb der Arbeitgeber hier bessergestellt werden sollte, sind nicht ersichtlich. Fällt hingegen das Interesse des Arbeitgebers am Bestand des Konkurrenzverbots dahin und will der Arbeitnehmer

---

529 BGE 78 II 230 ff. Nach deutschem Recht kann der Arbeitgeber nur *vor* Beendigung des Arbeitsverhältnisses auf das Wettbewerbsverbot verzichten und wird erst ein Jahr seit Abgabe dieser Erklärung von der Leistung der Karenzentschädigung befreit (§ 75a HGB; vgl. Grüll/Janert, S. 74).

530 Brühwiler, Art. 340 OR N 7b; BK-Rehbinder, Art. 340c OR N 5. Anders BGE 78 II 239: Ohne entsprechende Vereinbarung stehe ausser Zweifel, dass ein Verzicht unzulässig ist.

wieder in diesem Bereich tätig sein, so steht es den Parteien frei, im gegenseitigen Einvernehmen das Verbot und die Karenzentschädigung aufzuheben[531]. Dann könnte der Arbeitnehmer den Wegfall des Interesses aber auch gerichtlich feststellen lassen[532]. Ohne entsprechende Vereinbarung drängt sich also eine analoge Anwendung der Kündigungsbestimmungen nicht auf.

Ist ein Verzichtsrecht vertraglich vorgesehen und macht der Arbeitgeber davon Gebrauch, so besteht die Gefahr, dass durch den Wegfall der Karenzentschädigung das wirtschaftliche Fortkommen des Arbeitnehmers unbillig erschwert wird. Deshalb muss der Arbeitgeber die Karenzentschädigung nach seiner Verzichtserklärung während einer angemessenen Frist weiter entrichten[533]. In der Regel entspricht diese Frist der zuletzt geltenden gesetzlichen oder vertraglichen Kündigungsfrist. Dies gilt auch dann, wenn vertraglich längere Kündigungsfristen verabredet worden sind. Unter Umständen ist jedoch im einzelnen zu prüfen, worin die Gründe für die Verabredung längerer Fristen genau lagen und ob diese Gründe auch eine längere Entrichtung der Karenzentschädigung zu rechtfertigen vermögen, bzw. ob eine kürzere Frist eine unbillige Erschwerung des wirtschaftlichen Fortkommens zur Folge hätte. Für diese Beurteilung ist nebst den Chancen des Arbeitnehmers auf dem Arbeitsmarkt auch auf die Höhe der Karenzentschädigung abzustellen. Fällt nämlich eine Karenzentschädigung in der Höhe des vollen zuletzt bezogenen Lohnes weg, so sind die damit verbundenen Folgen für die Erschwerung des Fortkommens wesentlich einschneidender, als wenn die Karenzentschädigung bloss einen Teil des Lohnes beträgt.

§ 16 Auswirkungen eines Betriebsübergangs auf das Konkurrenzverbot

Mit der seit mehreren Jahren zu beobachtenden Verflechtung und Umstrukturierung von Unternehmen sind nicht nur gesellschaftsrechtliche Veränderungen verbunden, sondern auch Veränderungen für die betroffenen Arbeitnehmer. Trotz dieser zum Teil schwerwiegenden Veränderungen entspricht in der Regel die Weiterführung des Arbeitsverhältnisses den Interessen der Arbeitnehmer am besten. Deshalb besteht für den Betriebserwerber nach Art. 333 OR grundsätzlich eine Übernahmeverpflichtung sämtlicher Arbeitsverhältnisse. In bestimmten Fällen kann aber ein Betriebsübergang zu einer

---

531 Art. 115 OR.

532 In diesem Sinne auch Häfliger, S. 99.

533 BGE 78 II 241 mit einem Beispiel betreffend den Abbruch einer begonnenen Ausbildung.

derart unbefriedigenden Situation führen, dass der Arbeitnehmer die Auflösung des Arbeitsverhältnisses vorzieht. Zum Schutz seiner Persönlichkeit besteht deshalb in Art. 333 Abs. 1 OR ein Ablehnungsrecht. Das Arbeitsverhältnis geht also bei einer Betriebsübertragung nur dann mit allen Rechten und Pflichten auf den Erwerber über, wenn der Arbeitnehmer den Übergang nicht ablehnt[534]. Macht er aber vom Ablehnungsrecht Gebrauch, so wird das Arbeitsverhältnis damit beendet. Die Ablehnung des Übergangs kann nun aber weder einer Kündigung durch den Arbeitnehmer noch einer Kündigung durch den Arbeitgeber automatisch gleichgestellt werden. Deshalb ist nachfolgend im einzelnen zu untersuchen, welche Auswirkungen die Ablehnung des Übergangs auf die Konkurrenzverbotsabrede hat. Entsprechend kommt vorab der Frage, wann dem Arbeitnehmer überhaupt ein Ablehnungsrecht zusteht, wann also Art. 333 OR überhaupt Anwendung findet, entscheidende Bedeutung zu.

A. *Der Anwendungsbereich von Art. 333 OR*

Unklar ist im Zusammenhang mit Art. 333 OR, ob der Artikel ausschliesslich auf Betriebsübertragungen im eigentlichen Sinne, also durch Singularsukzessionen, oder auch auf Betriebsübertragungen durch Universalsukzessionen, insbesondere gesellschaftsrechtliche Unternehmensumwandlungen, anwendbar ist.

1. Art. 333 OR und Singularsukzessionen

Art. 333 OR regelt den Übergang von Arbeitsverhältnissen bei der Übertragung eines Betriebes oder eines Betriebsteils auf einen Dritten[535]. Die Übertragung durch Singularsukzession entspricht dem typischen Anwendungsfall von Art. 333 OR, weshalb dem Arbeitnehmer dann auch unzweifelhaft ein Ablehnungsrecht zusteht. Überträgt der Arbeitgeber also den Betrieb durch ein Rechtsgeschäft wie Schenkung, Pacht oder Einbringen in eine Gesellschaft auf einen Dritten, so gehen die zum Betrieb gehörenden Rechte durch Singularsukzession auf den Erwerber über (Art. 333 OR)[536].

---

534 Art. 333 Abs. 1 OR.

535 Art. 333 OR geht bei der Übertragung eines Betriebes oder Betriebsteils als Sondernorm Art. 181 OR vor (vgl. von Tuhr/Escher, S. 399 f.; Bucher, S. 591; Tschäni, Art. 181 OR N 6).

536 ZK-Staehelin, Art. 333 OR N 2.

2. Art. 333 OR und Universalsukzessionen

Ob Art. 333 OR auch auf Übertragungen durch Universalsukzessionen, wie beispielsweise Fusionen, anwendbar ist, oder ob sich sein Wirkungsbereich allein auf Betriebsübergänge mit Singularsukzessionen beschränkt, ist in der schweizerischen Literatur stark umstritten[537]. Auch der Vorentwurf zum Fusionsgesetz sah noch keine besonderen Vorschriften bezüglich der Übertragung von Arbeitsverhältnissen vor. Hingegen ging der dazugehörige Begleitbericht davon aus, dass Art. 333 OR ohne weiteres auch auf Fusionen und Spaltungen anwendbar sei. Diese Unklarheit ist jetzt, zwar noch unter dem Vorbehalt einer gesetzgeberischen Änderung, durch den Entwurf zum Fusionsgesetz geklärt worden. Die Art. 27 Abs. 1, 49 Abs. 1 und 76 Abs. 1 des Entwurfs halten nun ausdrücklich fest, dass für den Übergang von Arbeitsverhältnissen im Rahmen einer Fusion, einer Spaltung oder einer Vermögensübertragung Art. 333 OR Anwendung findet[538]. Da aber die Umwandlung im Entwurf des Fusionsgesetzes als blosse Rechtsformänderung ohne Vermögensübertragung und ohne Gründung einer neuen Gesellschaft ausgestaltet ist, findet auch keine Übertragung statt, weshalb Art. 333 OR bei der Umwandlung von vornherein nicht anwendbar ist[539]. Dennoch erfährt der Anwendungsbereich von Art. 333 OR durch die neue Regelung eine wesentliche Erweiterung. Diese Entwicklung ist aus Sicht des Arbeitnehmerschutzes zwar durchaus begrüssenswert, nicht aber unbedingt – wie sogleich zu zeigen sein wird – bezüglich der damit verbundenen Auswirkungen auf das arbeitsvertragliche Konkurrenzverbot[540].

Nachfolgend wird deshalb im einzelnen untersucht, welche Auswirkungen ein Betriebsübergang – diese Bezeichnung wird als Oberbegriff für alle von Art. 333 OR erfassten Umstrukturierungsarten verwendet[541] – auf die Konkurrenzverbotsabrede hat. Ferner ist zu prüfen, in welchen Fällen dem Arbeitnehmer ein Ablehnungsrecht zusteht und welche Konsequenzen mit der Ablehnung des Übergangs auf das Konkurrenzverbot verbunden sind. Dazu

537 Gegen eine Anwendung sind: ZK-Staehelin, Art. 333 OR N 4; BK-Rehbinder, Art. 333 OR N 3; Brühwiler, Art. 333 OR N 1; Holdermann, S. 60; Knus, S. 41; anders Streiff/von Kaenel, Art. 333 OR N 7; Vischer, S. 156; Bosman, S. 204.

538 Botschaft FusG, S. 26 ff., insbesondere S. 27.

539 Botschaft FusG, S. 27.

540 Vgl. sogleich im Text.

541 So für die Fusion, Spaltung oder Vermögensübertragung, nicht hingegen für die Umwandlung.

sind grundsätzlich zwei Konstellationen zu unterscheiden, nämlich, ob das Arbeitsverhältnis im Zeitpunkt des Betriebsübergangs noch besteht, oder ob der Arbeitnehmer bereits ausgeschieden ist und nur noch das Wettbewerbsverbot gilt.

B. Auswirkungen bei bestehendem Arbeitsverhältnis

Grundsätzlich geht im Rahmen der Betriebsübernahme durch einen Dritten[542] als Folge des in Art. 333 OR angeordneten gesetzlichen Übergangs des Arbeitsverhältnisses auch die Rechtsposition aus dem nachvertraglichen Konkurrenzverbot auf den Erwerber des Betriebes über[543]. Die Verbotsabrede als Teil des Arbeitsvertrages[544] berechtigt und verpflichtet somit grundsätzlich den Betriebserwerber als neuen Arbeitgeber[545]. Dem Arbeitnehmer steht nun aber – wie gesagt – nach Art. 333 Abs. 1 OR das Recht zu, die Fortsetzung des Arbeitsvertrages abzulehnen. Da grundsätzlich eine Vermutung zugunsten der Zustimmung zum Übergang besteht, muss der Arbeitnehmer die Ablehnung ausdrücklich erklären. Die Praxis verlangt diese Erklärung innert Monatsfrist[546]. Allenfalls kann der Arbeitgeber aber auch eine besondere Frist ansetzen. Trotz der Ablehnungserklärung geht das Arbeitsverhältnis aber immer kraft Gesetzes vorerst noch auf den Erwerber über, wird dann allerdings auf Ende der gesetzlichen Kündigungsfrist aufgelöst[547].

---

542 Wird der bisherige Betriebsteil, in dem der Arbeitnehmer gearbeitet hat, lediglich rechtlich verselbständigt und bleibt der alte Arbeitgeber am neuen Rechtsträger massgeblich beteiligt, so bleibt das Konkurrenzverbot unverändert bestehen. Mithin bleibt das Verbot dann unverändert, wenn bloss eine betriebliche Umstrukturierung vorgenommen wird, die die Arbeitgeberrechte wirtschaftlich und rechtlich beim alten Arbeitgeber belässt. Gleiches gilt auch bei einer Spaltung (vgl. Schaub, S. 408).

543 Kuhn/Koller, 8/16.2; BK-Rehbinder, Art. 340c OR N 2; Häfliger, S. 42 f.; Buchner, Rz. C 445.

544 Dies gilt, obwohl die Wettbewerbsvereinbarung auch getrennt vom eigentlichen Arbeitsvertrag abgeschlossen werden kann.

545 Buchner, Rz. C 445; ZK-Staehelin, Art. 333 OR N 9; BGE 54 II 462; OGer BE, JAR 1983, S. 200 f.

546 Brühwiler, Art. 333 OR N 2.

547 Vgl. Brühwiler, Art. 333 OR N 2 f.

I. Ablehnung des Übergangs

Das nachvertragliche Konkurrenzverbot wird grundsätzlich bei Beendigung des Arbeitsvertrages unter den besonderen Voraussetzungen von Art. 340c OR wirksam. Deshalb stellt sich die Frage, ob die Beendigung des Arbeitsvertrages durch Ausübung des Ablehnungsrechts das Konkurrenzverbot automatisch wirksam werden lässt, oder ob der Arbeitnehmer die volle Betätigungsfreiheit wiedererlangt[548]. Nach der herrschenden Ansicht entfällt das Konkurrenzverbot mit der Ablehnung des Übergangs automatisch[549]. Dem ist grundsätzlich zuzustimmen. Macht nämlich der Arbeitnehmer vom Ablehnungsrecht Gebrauch, so führt das nicht zu einer eigentlichen Kündigung des Arbeitsverhältnisses, sondern zu einer Auflösung kraft Gesetzes[550]. Die Beendigung des Arbeitsverhältnisses ist deshalb, weil der Arbeitnehmer lediglich von einem im Gesetz vorgesehenen Recht Gebrauch macht, auch vom Arbeitgeber zu verantworten[551]. Aber auch wenn man die Auflösung des Arbeitsverhältnisses nach Art. 333 Abs. 1 OR einer Kündigung durch den Arbeitnehmer gleichstellen würde[552], käme man zu demselben Resultat. Dann müsste der Arbeitnehmer für den Wegfall des Verbots das Arbeitsverhältnis aus einem begründeten, vom Arbeitgeber zu vertretenden Anlass aufgelöst haben. Grundsätzlich ist dazu anzumerken, dass vom Arbeitgeber unverschuldete Umstände, die gemäss Art. 324 OR zu seinem Betriebs- oder Wirtschaftsrisiko gehören, von ihm zu verantworten sind[553]. Um so mehr muss ein vorsätzlich herbeigeführter Betriebsübergang als ein von ihm zu vertretender Anlass qua-

---

548 Ob der Arbeitnehmer die Ablehnung des Übergangs als Kündigung bezeichnet oder als Ablehnung, ist irrelevant. Entscheidend ist lediglich, ob die Voraussetzungen des Ablehnungsrechts (insbesondere auch das Einhalten der Ablehnungsfrist) erfüllt sind.

549 Streiff/von Kaenel, Art. 340c OR N 9; BK-Rehbinder, Art. 340c OR N 2; Bohny, S. 147; ZK-Staehelin, Art. 340c OR N 18; anders Häfliger, S. 43; Hutterli, S. 95; OGer BE, JAR 1983, S. 200 f.; Kuhn/Koller, 8/16.2, unter Bezugnahme auf das vorgenannte Urteil und die dort erwähnte – aber nicht belegte – konstante Praxis; GewV, OR 340 N 20.

550 Deshalb kann die Beendigung des Arbeitsverhältnisses in diesem Fall auch nicht zu einer Reduktion einer allfälligen Abgangsentschädigung nach OR 339c II führen (BK-Rehbinder, Art. 333 OR N 10; AGer ZH, JAR 1981, S. 287; vgl. auch ZK-Staehelin, Art. 333 OR N 14).

551 Gemeint ist damit der alte Arbeitgeber, doch muss sich der Erwerber als dessen Rechtsnachfolger dieses Verhalten anrechnen lassen; vgl. BK-Rehbinder, Art. 340c OR N 2.

552 Kuhn/Koller, 8/16.2, sehen im Ablehnungsrecht eine normale Kündigung, welche für sich allein nicht begründeten Anlass geben könne (Verweis auf OGer BE, JAR 1982, S. 199).

553 Brühwiler, Art. 340c OR N 2 f.

lifiziert werden. Was dessen Qualifikation als „begründeten Anlass“ betrifft, ist zu beachten, dass der Gesetzgeber mit der Statuierung des Ablehnungsrechts klargemacht hat, dass ein Betriebsübergang an sich bereits einen ausreichenden Grund zur Auflösung des Arbeitsverhältnisses darstellt. Es liegt deshalb nahe, die Einräumung des Auflösungsrechts per se bereits als gesetzliche Wertung im Sinne von Art. 340c Abs. 2 OR und damit als begründeten Anlass zu qualifizieren[554]. Dieses Resultat rechtfertigt sich auch deshalb, weil Art. 333 Abs. 2 OR im Betriebswechsel immerhin einen solch gewichtigen Grund erblickt, dass die Auflösung von sogar auf bis zu zehn Jahren[555] befristeten Arbeitsverhältnissen (oder solchen mit vertraglich festgesetzten sehr langen Kündigungsfristen) lediglich mit der gesetzlichen Kündigungsfrist möglich ist[556]. Der Gesetzgeber räumt dem Arbeitnehmer zwar nicht automatisch das Recht zur ausserordentlichen Kündigung ein, er nimmt aber immerhin eine allenfalls massive Verkürzung des Arbeitsverhältnisses bzw. der vertraglichen Kündigungsfristen in Kauf[557]. Diese Wertung des Gesetzgebers entspricht mindestens den Anforderungen an einen begründeten Anlass nach Art. 340c OR und führt so ohne weiteres zum Wegfall des Konkurrenzverbots[558].

II. Allenfalls unbefriedigendes Resultat

Dieses Resultat führt aber zu einer derartigen Koppelung des Ablehnungsrechts mit dem Wegfall des Konkurrenzverbots, dass sich der Arbeitnehmer völlig losgelöst von einer konkreten Beeinträchtigung bei jedem Betriebsübergang elegant des Konkurrenzverbots entledigen könnte. Das scheint der Gesetzgeber aber in Kauf zu nehmen. In Anbetracht des eigentlichen Schutzzweckes von Art. 333 Abs. 1 OR[559] und gerade auch im Hinblick auf

---

554 Streiff/von Kaenel, OR 340c N 9 a.E.; ähnlich BK-Rehbinder, Art. 340c OR N 2, welcher die Auflösung des Arbeitsverhältnisses den Arbeitgeber und dessen Rechtsnachfolger verantworten lässt.

555 Art. 334 Abs. 3 OR.

556 Vgl. betreffend Zulässigkeit der Auflösung aller Arten von Arbeitsverhältnissen mit der gesetzlichen Kündigungsfrist Botschaft, S. 371.

557 Begründeten Anlass hat der Arbeitnehmer nicht erst dann, wenn er einen wichtigen Grund im Sinne von Art. 337 OR geltend machen kann (vgl. dazu oben S. 67 ff.). Ist die Fortsetzung des Arbeitsverhältnisses dem Arbeitnehmer aber nach Treu und Glauben nicht mehr zuzumuten, so steht es ihm frei, das Arbeitsverhältnis fristlos aufzulösen.

558 Anders OGer BE, JAR 1983, S. 199; Kuhn/Koller, 8/16.2.

559 Die eigentliche Schutzwirkung von Art. 333 OR besteht – insbesondere seit der Revision von 1993 – darin, dass für den Arbeitgeber ein Übernahmezwang der Arbeits-

den erweiterten Anwendungsbereich ist allerdings fraglich, ob diese Konsequenz sinnvoll ist. Der betriebswirtschaftliche Entscheid bezüglich Umstrukturierungen soll nicht dadurch beeinflusst werden, dass durch den Wegfall von Konkurrenzverboten wichtige Geschäftsgeheimnisse oder Kundenkreise gefährdet werden können. Erwägt man diese Konsequenz zudem anhand des Arbeitnehmerschutzes, so ist zu beachten, dass sich der Schutz des einen Arbeitnehmers durchaus gegen die Interessen der übrigen Belegschaft richten kann. Denn gerade die Konkurrenz eines wichtigen Mitarbeiters kann unter Umständen die Anstellung und damit die Zukunft vieler anderer Mitarbeiter gefährden. Deshalb muss immerhin die Frage gestellt werden, ob nicht allenfalls eine Möglichkeit besteht, solche an sich zweckfremde Vorhaben einzelner Angestellter zu unterbinden[560]. In Betracht kommen unter anderem eine individuelle Prüfung der Voraussetzungen von Art. 340c OR[561], eine vertragliche Wegbedingung des Ablehnungsrechts[562] und eine von Art. 333 OR und dessen Folgen abweichende vertragliche Regelung des Ablehnungsrechts[563].

1. Individuelle Prüfung

Eine individuelle und objektive Prüfung der aus dem Betriebsübergang resultierenden Veränderungen liesse sich, wegen der oben erläuterten gesetzlichen Qualifikation als begründeten Anlass, überhaupt nur dann rechtfertigen, wenn einerseits die Beendigung des Arbeitsverhältnisses nach Art. 333 Abs. 2 OR einer Kündigung durch den Arbeitnehmer gleichgestellt würde, Art. 340c OR also analog angewendet würde, und andererseits das in Art. 333 Abs. 2 OR statuierte Ablehnungsrecht höchstens als gesetzliche Vermutung bezüglich des begründeten Anlasses zur Kündigung verstanden würde. Das Konkurrenzverbot würde nur dann wegfallen, wenn die Veränderungen derart sind, dass die Ablehnung des Übergangs (die „Kündigung") als naheliegende Konsequenz erscheint[564]. Da das Ablehnungsrecht nur als gesetzliche Vermutung zugunsten des Wegfalls verstanden wird, steht dem Arbeitgeber immerhin noch der Nachweis offen, der fragliche Betriebsübergang habe dem Arbeitnehmer mangels konkreter Beeinträchtigungen gar keinen begründeten Anlass

verhältnisse besteht. Das Ablehnungsrecht vervollkommnet den Arbeitnehmerschutz nur noch in persönlichkeitsrechtlicher Hinsicht.

560 So im Resultat OGer BE, JAR 1983, S. 199 ff.

561 OGer BE, JAR 1983, S. 201 f.; Häfliger, S. 43; siehe sogleich im Text.

562 Siehe dazu unten S. 90 ff.

563 Siehe dazu unten S. 92 ff.

564 Zum begründeten Anlass siehe oben S. 67 ff.

zur „Kündigung“ geben können, sondern er habe sich bloss des Konkurrenzverbots entledigen wollen. Gelingt dieser Beweis, so müsste dies zu einem ausnahmsweisen Fortbestehen des Konkurrenzverbots führen. HÄFLIGER will den Wegfall des Wettbewerbsverbots sogar nur dann zulassen, wenn dem Arbeitnehmer die ihm zugedachte neue Funktion unzumutbar ist[565], und nach KUHN/KOLLER muss der Arbeitnehmer immer einen begründeten Anlass zur „Kündigung“ nachweisen können[566].

Alle diese Lösungen sind aber mit der gesetzlichen Regelung und der Institution des Ablehnungsrechts nur schwer vereinbar. Denn der Gesetzgeber hat dem Arbeitnehmer ein Ablehnungs*recht* eingeräumt, und von diesem Recht soll er auch – ungeachtet der Gründe für die Ablehnung – Gebrauch machen können. Dazu muss der Arbeitnehmer aber Gewissheit über Bestand oder Wegfall des Verbots haben, ansonsten er die Vor- und Nachteile seiner Entscheidung nicht richtig abwägen könnte. Hängt nun aber das Konkurrenzverbot von den tatsächlich eintretenden Veränderungen ab, die für den Arbeitnehmer nicht klar voraussehbar sind, so kann er nie wissen, ob er letztlich an das Verbot gebunden sein wird oder nicht. Zwar hat der Arbeitnehmer auch im Fall einer Kündigung diesbezüglich keine gänzliche Sicherheit, doch kennt er dann immerhin die wahren Gründe für seine Kündigung und kann für sich selbst eine realistischere Prognose erstellen. Mit der gegenteiligen Ansicht würde der Arbeitnehmer aber faktisch seines Ablehnungsrechts beraubt. Aus diesen Gründen muss angenommen werden, dass für eine individuelle Prüfung der Ablehnungsgründe, insbesondere nebst dem oben erwähnten Wertungsentscheid des Gesetzgebers und der Institution des Ablehnungsrechts, ohne besondere vertragliche Vereinbarung[567] kein Raum bleibt.

2. Wegbedingung des Ablehnungsrechts von Art. 333 OR

Könnte das Ablehnungsrecht von Art. 333 Abs. 1 durch eine Vereinbarung *wegbedungen* werden, so wäre damit die vorliegende Problematik gelöst. Dazu muss vorerst geklärt werden, ob Art. 333 Art. 1 zu den zumindest teilzwingenden Bestimmungen zu zählen ist. Aus Art. 361 f. OR lässt sich diese Frage nicht positiv beantworten, da nur der dritte Absatz, nicht hingegen der erste von Art. 333 OR in Art. 362 OR aufgeführt ist. Ist eine Norm des Arbeitsrechts nicht in die Art. 361 f. OR aufgenommen worden, so spricht dies

---

565 Häfliger, S. 43.
566 Kuhn/Koller, 8/16.2.
567 Vgl. dazu unten S. 92 f.

erst vermutungsweise gegen deren zwingende Natur. Sie kann nämlich dennoch zwingend sein, wenn sich der zwingende Charakter bereits aus ihrem Wortlaut ergibt, sie selbst festlegt, unter welchen zwingenden Umständen von ihr abgewichen werden darf, oder sie sich als Verfahrensbestimmung nicht an die Parteien, sondern an eine Behörde richtet[568]. Das Ablehnungsrecht ist aufgrund keiner der vorstehend genannten Kriterien als zwingende Norm zu qualifizieren[569]. Weder der Wortlaut noch der (Schutz-)Zweck der Norm verlangen eine zwingende Anwendbarkeit[570]. Dieses Resultat wird ebenfalls durch das Verhältnis der Schutzbestimmungen innerhalb von Art. 333 OR bestätigt. Denn die Übernahmepflicht des Betriebserwerbers hat für den Arbeitnehmer die weit wichtigere Schutzfunktion als das Ablehnungsrecht, weil der Verlust der Arbeitsstelle den Arbeitnehmer vermutlich entscheidend härter trifft als beispielsweise eine neu zugeteilte Funktion[571]. Auch wenn nun aufgrund des nicht zwingenden Charakters des Ablehnungsrechts dieses in allen Arbeitsverträgen standardmässig ausgeschlossen würde, wären dadurch die Arbeitnehmer nicht über Gebühr eingeschränkt. Wie gesagt, liegt die Hauptschutzwirkung von Art. 333 Abs. 1 OR in der Übernahmeverpflichtung des Betriebserwerbers, und das Ablehnungsrecht vervollkommnet den Schutz bloss noch in persönlichkeitsrechtlicher Hinsicht[572]. Ändern sich die Verhältnisse für den Arbeitnehmer durch den Betriebsübergang derartig, dass ihm eine weitere Zusammenarbeit nach Treu und Glauben nicht mehr zugemutet werden kann, so steht ihm zum Schutz des Kerngehaltes der Persönlichkeit immer die ausserordentliche Kündigung zur Verfügung. Sind die Gründe aber weniger gravierend, so kann er das unbefristete Arbeitsverhältnis ordentlich kündigen. Die dadurch verbleibende Einschränkung gegenüber dem Ablehnungsrecht reicht aber sicher nicht aus, um eine von der Vertragsfreiheit abweichen-

568 Streiff/von Kaenel, Art. 361 OR N 3.

569 Ebenso (zum alten Recht) Streiff/von Kaenel, Art. 333 OR N 10.

570 Vgl. Anm. 572.

571 Auch wenn dadurch seine Persönlichkeitsrechte tangiert werden können.

572 Schon die Frage, ob die Übernahmeverpflichtung von Art. 333 Abs. 1 OR zum (teil-)zwingenden Recht oder zum dispositiven zu zählen ist, ist unklar. Zwar wird Art. 333 Abs. 1 OR weder in Art. 361 noch in Art. 362 OR genannt, doch muss aufgrund des Normzweckes und der damaligen Revisionsbestrebungen (verstärkter Arbeitnehmerschutz) angenommen werden, dass die Übernahmeverpflichtung von Art. 333 Abs. 1 OR zu den teilzwingenden Bestimmungen zu zählen ist. Geiser fragt sich zu Recht, ob es sich bei der Nichtaufnahme in den Katalog der Art. 361/362 OR um ein gesetzgeberisches Versehen handle. Er geht schliesslich davon aus, dass die Übernahmeverpflichtung nicht wegbedungen werden kann. Aus der Nichtaufnahme in die Art. 361/362 OR könne jedenfalls nicht geschlossen werden, dass der Übergang im Arbeitsvertrag generell für künftige Betriebsübernahmen ausgeschlossen werden könne (Geiser, Kolloquium, S. 104 f.). Dem ist zuzustimmen.

de teilzwingende Norm anzunehmen. Eine unbefriedigende Situation könnte sich lediglich dann ergeben, wenn kein ausserordentlicher Kündigungsgrund vorliegt und der Arbeitnehmer wegen vertraglich vereinbarter langer Kündigungsfristen oder eines befristeten Arbeitsverhältnisses noch verhältnismässig lange an den Arbeitsvertrag gebunden bliebe. Dem könnte aber so begegnet werden, dass die Auflösung des Arbeitsverhältnisses – jedenfalls während einer bestimmten Karenzfrist[573] – mit der gesetzlichen Kündigungsfrist vereinbart würde. Das Ablehnungsrecht kann bereits im Anstellungsvertrag wegbedungen werden oder erst dann, wenn ein Betriebsübergang bevorsteht[574]. Dann ist allerdings fraglich, ob derjenige Arbeitnehmer, der durch den Betriebsübergang das Konkurrenzverbot loswerden will, überhaupt noch einwilligt. Vielleicht entsteht dadurch eine einigermassen paritätische Situation zwischen Arbeitgeber und Arbeitnehmer, welche es dem Arbeitnehmer erlaubt, wenigstens eine adäquate Karenzentschädigung zu fordern.

Die Wegbedingung des Ablehnungsrechts in Verbindung mit einer Karenzzeit zur Auflösung des Arbeitsverhältnisses scheint eine vernünftige Lösung zu sein. Dem Arbeitnehmer wird damit ermöglicht, das Arbeitsverhältnis immer, auch ohne einen ausserordentlichen Kündigungsgrund, innert einer relativ kurzen Frist aufzulösen; dennoch kann nur eine Kündigung aus begründetem Anlass zum Wegfall des Konkurrenzverbots führen. Ziel der Wegbedingung des Ablehnungsrechts ist nach diesen Ausführungen ja nicht, den Arbeitnehmer zusätzlich an den Betrieb zu binden, sondern lediglich den automatischen Wegfall des Konkurrenzverbots zu verhindern.

3. Vertragliche Gleichstellung der Folgen der Ablehnung mit der Kündigung

Die Parteien können vereinbaren, dass das Konkurrenzverbot nur dann wegfallen soll, wenn der Arbeitnehmer den Übergang des Arbeitsverhältnisses aus begründetem Anlass abgelehnt hat[575]. Sie stellen damit die Ablehnung des Übergangs vertraglich einer Kündigung des Arbeitnehmers gleich und wenden

---

573 Beispielsweise ein Jahr.

574 Immer aber in einer Vereinbarung zwischen Arbeitgeber (Veräusserer) und Arbeitnehmer. Der Veräusserer und der Erwerber des Betriebes können das Ablehnungsrecht des Arbeitnehmers sicherlich nicht vertraglich ausschalten. Dies ergibt sich bereits aus den allgemeinen Bestimmungen des Obligationenrechts.

575 Also das, was Häfliger und Kuhn/Koller bereits aufgrund der gesetzlichen Regelung annehmen (Häfliger, S. 43; Kuhn/Koller, 8/16.2).

für den Wegfall des Verbots die Regeln von Art. 340c OR analog an. Eine solche Regelung steht grundsätzlich in Einklang mit den zwingenden Bestimmungen des Arbeitsrechts. Wie gesagt, ist das aus Art. 333 Abs. 1 OR fliessende Ablehnungsrecht des Arbeitnehmers nicht zwingender Natur, weshalb auch die daran anknüpfenden Rechtsfolgen nicht zu den zwingenden Bestimmungen zu zählen sind. Teilzwingend sind hingegen die in Art. 340c OR statuierten – beim Ablehnungsrecht an sich aber nicht anwendbaren[576] – allgemeinen Vorschriften über den Wegfall des Konkurrenzverbots. Mit der fraglichen vertraglichen Regelung wird die Stellung des Arbeitnehmers aber nicht unter die Anforderungen von Art. 340c OR herabgesetzt, sondern diesen bloss gleichgestellt. Der Arbeitnehmer verliert zwar den aus dem Betriebsübergang folgenden Vorteil, dass das Konkurrenzverbot bei Ablehnung des Übergangs automatisch entfällt, doch ansonsten wird seine Stellung nicht verschlechtert. Dies stimmt auch mit dem eigentlichen Schutzgedanken von Art. 333 Abs. 1 OR überein, welcher ja grundsätzlich den Fortbestand des Arbeitsverhältnisses sichern, nicht jedoch den Arbeitnehmer vom Konkurrenzverbot befreien will.

Durch eine solche Vereinbarung wird erreicht, dass der Arbeitnehmer zwar weiterhin den Übergang ohne weiteres ablehnen kann, aber nur dann vom Konkurrenzverbot befreit wird, wenn er auch tatsächlich begründeten Anlass dazu hat. Die Probleme aber, die eine solche Regelung mit sich bringt, liegen, wie schon oben erläutert[577], darin, dass der Arbeitnehmer seinen Entscheid nur auf die vom Arbeitgeber angekündigten Veränderungen stützen kann. Was die Zukunft aber wirklich bringen wird, kann auch der Arbeitgeber nicht immer genau vorhersagen. Kündigt der Arbeitgeber dem Arbeitnehmer im Vorfeld einer Betriebsübernahme wesentliche Änderungen an, so kann der Arbeitnehmer immerhin den Übergang des Arbeitsverhältnisses ablehnen, und er wird damit vom Konkurrenzverbot befreit[578]. Ist gemäss Prognose des Arbeitgebers aber nicht mit wesentlichen Veränderungen zu rechnen, und treten solche später dennoch ein, so kann nur noch der Arbeitnehmer mit unbefristetem Vertrag ordentlich kündigen, und er wird vom Verbot befreit, ausser es wäre ausnahmsweise ein Grund zur ausserordentlichen Kündigung gegeben[579]. Zur Lösung dieses Problems fällt einerseits in Betracht, den Arbeitgeber insofern auf der gemachten Prognose zu behaften, als dem Arbeitnehmer bei Eintritt nicht angekündigter Veränderungen analog ein erneutes Ablehnungsrecht

576 Siehe dazu oben S. 87 ff.
577 Vgl. oben S. 89 f.
578 Der Arbeitgeber ist bei der Beurteilung der Begründetheit der Ablehnung des Arbeitnehmers auf seinen Ankündigungen zu behaften.
579 Siehe zu dieser besonderen Lage auch oben S. 90 f.

zugestanden würde; oder die Parteien vereinbaren, dass der Arbeitnehmer den Vertrag bei Eintritt wesentlicher Veränderungen mit der gesetzlichen Kündigungsfrist auflösen kann. Ein solches Kündigungsrecht muss dem Arbeitnehmer nach der hier vertretenen Ansicht auch ohne besondere Regelung zustehen, weil er beim Entscheid betreffend Ablehnung gänzlich auf die Angaben des Arbeitgebers angewiesen ist. Informiert ihn dieser nur ungenügend über allfällige Veränderungen, so beraubt er den Arbeitnehmer faktisch seines Ablehnungsrechts. Dem Arbeitnehmer steht natürlich immer die Möglichkeit offen, fristlos zu kündigen. Dies gilt selbst dann, wenn die Voraussetzungen für eine fristlose Kündigung nicht gegeben sind. Dann wird er aber allenfalls schadenersatzpflichtig. Da die Frage nach Bestand oder Wegfall des Konkurrenzverbots unabhängig von der Beendigungsart zu prüfen ist, kann der Arbeitnehmer auch bei ungerechtfertigter fristloser Kündigung vom Konkurrenzverbot befreit werden, wenn er wenigstens begründeten Anlass zur Kündigung hatte.

Sinnvoll wäre jedenfalls die Vereinbarung einer Karenzfrist (beispielsweise ein Jahr nach Betriebsübergang), während deren Dauer der Arbeitnehmer das Arbeitsverhältnis ohne weiteres mit der ordentlichen Kündigungsfrist auflösen könnte. Der Wegfall des Wettbewerbsverbots richtete sich dann nach Art. 340c OR. Damit wäre den Interessen des Arbeitgebers am Fortbestand des Konkurrenzverbots und denjenigen des Arbeitnehmers am Schutz seiner Persönlichkeit bestens entsprochen. Haben es die Parteien aber unterlassen, eine besondere Vereinbarung zu treffen, so fällt das Konkurrenzverbot grundsätzlich mit der Ablehnung des Übergangs des Arbeitsverhältnisses dahin.

III. Inhaltliche Konsequenzen des Übergangs

Geht das Arbeitsverhältnis nach Art. 333 Abs. 1 OR auf den Erwerber des Betriebes über, so richten sich Inhalt und Umfang des Wettbewerbsverbots weiterhin nach den bestehenden vertraglichen Bestimmungen. Will nun der neue Arbeitgeber das Konkurrenzverbot den veränderten Gegebenheiten in örtlicher, sachlicher und zeitlicher Hinsicht vertraglich anpassen, so bedarf es hierzu einer entsprechenden, den gesetzlichen Anforderungen genügenden neuen Vereinbarung mit dem Arbeitnehmer[580]. Das Konkurrenzverbot darf durch den Wechsel des Arbeitsverhältnisses nicht automatisch auf die Geschäftszweige des neuen Arbeitgebers ausgedehnt werden. Vielmehr muss der

580 Vgl. dazu oben S. 17 ff.; Grüll/Janert, S. 82; vgl. auch Streiff/von Kaenel, Art. 340a OR N 4; Bohny, S. 116.

Kreis der (vertraglich) untersagten Tätigkeiten auf den alten Umfang vor dem Wechsel beschränkt bleiben. Eine stillschweigende Zustimmung zu einer Änderung des Konkurrenzverbots ist bereits wegen der zwingend verlangten Schriftlichkeit nicht ausreichend. Durch den Betriebsübergang kann das Konkurrenzverbot aber dennoch eine faktische Erweiterung erfahren, da sich die Angemessenheit bzw. die Verbindlichkeit des Verbots – auch nach einem Betriebswechsel – allein nach den Verhältnissen zum Zeitpunkt der Auflösung des Arbeitsverhältnisses beurteilt[581]. Dies gilt aber nur im Rahmen des vertraglich vereinbarten Umfangs. Erhielt der Arbeitnehmer erst durch seine neue Tätigkeit Einblick in Geschäftsgeheimnisse, oder wurde er erst dann im vom Konkurrenzverbot erfassten Bereich tätig, so wird das Konkurrenzverbot auch erst dadurch – aber immerhin – verbindlich. Hätte der Betriebswechsel hingegen nicht stattgefunden, so wäre es allenfalls gar nie gültig geworden. Die Beurteilung der Verbindlichkeit zum Zeitpunkt der Auflösung des Arbeitsverhältnisses ist aber mit der negativen Folge verbunden, dass dadurch sehr weit (oder zu weit) gefasste Konkurrenzverbote eher wirksam werden können, wohingegen eng (also korrekt) gefasste Verbote nicht mehr greifen. Haben sich die Verhältnisse durch den Betriebsübergang aber derart geändert, dass von den im Verbot genannten Geschäftstätigkeiten nichts mehr übriggeblieben ist, so muss das zwangsläufig zu einem Wegfall des Konkurrenzverbots mangels Interesse des Arbeitgebers führen bzw. bereits dessen Unverbindlichkeit zur Folge haben[582].

Weiter stellt sich die Frage, wie sich der Übergang des Konkurrenzverbots auf die Rechtsstellung des alten Arbeitgebers auswirkt, wenn er seine Tätigkeit im fraglichen Geschäftsbereich trotz Verkaufs des Betriebes nicht gänzlich einstellt. Grundsätzlich kann ihm nach der Betriebsübernahme kein eigener Anspruch auf Konkurrenzenthaltung zugebilligt werden, auch wenn er weiterhin ein Interesse an der Wettbewerbsenthaltung haben sollte. Denn der Betriebserwerber tritt in alle Rechte und Pflichten aus dem Arbeitsvertrag ein, und der bisherige Arbeitgeber verliert gleichzeitig sämtliche daraus fliessenden Rechtspositionen[583]. Die Betriebsveräusserung mit dem gesetzlichen Übergang des Arbeitsverhältnisses stellt auch keine Beendigung desselben dar, welche das Konkurrenzverbot aktualisieren würde, d.h., die Enthaltungspflicht auslösen könnte. Denkbar ist hingegen, dass sich der Betriebserwerber im Übernahmevertrag verpflichtet, auch die wettbewerblichen Interessen des

---

581 Vgl. auch BK-Rehbinder, Art. 340c OR N 2; e contrario auch Bohny, S. 138, der dort nur den Fall nach Beendigung des Arbeitsverhältnisses behandelt.

582 Brühwiler, Art. 340c OR N 1.

583 Vgl. auch Buchner, Rz. C 452.

Veräusserers wahrzunehmen[584]. Verlangt also der Erwerber des Betriebes vom zwischenzeitlich ausgeschiedenen Arbeitnehmer die Unterlassung konkurrierender Tätigkeit, so fragt sich, ob er sich zur Begründung des berechtigten Interesses auch auf die Interessen des Veräusserers berufen kann. Grundsätzlich ist hierzu zu bemerken, dass die Rechtsstellung des Arbeitnehmers durch den Betriebsübergang nicht verschlechtert werden und insbesondere der Betriebsübergang nicht zu einer Erweiterung des Wettbewerbsverbots führen darf. Davon betroffen ist aber nur die vertragliche Ausgestaltung des Wettbewerbsverbots, nicht jedoch die tatsächlichen Verhältnisse, welche letztlich für die Verbindlichkeit (mit)bestimmend sind. Im Normalfall bewirkt der Betriebsübergang vorerst einmal, dass die unternehmensbezogenen Interessen des alten Arbeitgebers auf die betriebsbezogenen reduziert werden[585]. Die fragliche Vereinbarung zwischen den Arbeitgebern bewirkt aber, dass die unternehmensbezogenen Interessen des alten Arbeitgebers nicht wegfallen, sondern in die des neuen einfliessen[586]. Dadurch vermindert sich die Möglichkeit, dass das Konkurrenzverbot mangels Interesse des Arbeitgebers wegfällt. Dies bedeutet aber keine eigentliche Schlechterstellung des Arbeitnehmers, sondern bloss keine Besserstellung[587]. Andererseits ist aber zu beachten, dass der Arbeitnehmer sich nur gegenüber *einem* Unternehmen zur Wettbewerbsenthaltung verpflichtet hat und nicht gegenüber zwei[588]. Zwar ist der Arbeitnehmer auch ohne Betriebsübergang nicht gegen eine Erweiterung des Tätigkeitsfeldes des Arbeitgebers geschützt, nur geht ein inneres Wachstum wesentlich langsamer vor sich als beim Einbezug von Drittinteressen. Die Wahrung der Interessen des ehemaligen Arbeitgebers widerspricht auch der eigentlichen Funktion von Art. 333 OR, wonach der alte Arbeitgeber sämtliche aus dem Arbeitsverhältnis fliessenden Rechte verlieren soll und das Arbeitsverhältnis sowie die damit zusammenhängenden Rechte nicht durch den Betriebsinhaberwechsel berührt werden sollen[589]. Deshalb ist die Zulässigkeit der Interessenwahrung des früheren Arbeitgebers durch den neuen Arbeitgeber ohne spezielle Regelung in der Konkurrenzverbotsabrede abzulehnen.

---

[584] Eine solche Verpflichtung könne sich auch durch Auslegung des Übernahmevertrages ergeben (Buchner, Rz. C 454).

[585] Die das Konkurrenzverbot rechtfertigenden Interessen sind nicht bloss betriebsbezogen zu prüfen, sondern sie erstrecken sich auf das ganze Unternehmen (Buchner, Rz. C 246 f. und Rz. C 451).

[586] Dieser wird dem ehemaligen Arbeitgeber schadenersatzpflichtig, wenn er die Wettbewerbsenthaltung nicht durchsetzt.

[587] Vgl. auch Buchner, Rz. C 455.

[588] Siehe dazu auch oben S. 54 f.

[589] Vgl. Löwe, S. 126 f.

C. *Auswirkungen nach dem Ausscheiden des Arbeitnehmers*

I. Übergang des Verbots

Ist das Arbeitsverhältnis zum Zeitpunkt des Betriebsübergangs bereits beendet, so stellt sich die Frage, ob der Anspruch auf Wettbewerbsenthaltung bereits von Gesetzes wegen auf den Betriebserwerber übergeht, oder ob hierzu eine besondere Übertragung durch den ehemaligen Arbeitgeber notwendig ist.

Aus dem Wortlaut von Art. 333 Abs. 1 OR, wonach das *(bestehende*[590]*)* Arbeitsverhältnis mit allen Rechten und Pflichten auf den Erwerber übergeht, kann an sich geschlossen werden, dass der Betriebserwerber gegenüber einem bereits ausgeschiedenen Arbeitnehmer keine Rechte mehr erwirbt, also auch nicht von Gesetzes wegen Gläubiger des Konkurrenzverbots werden kann[591]. In der Regel ist aber der neue und nicht der alte Arbeitgeber an der Einhaltung des mit dem erworbenen Betrieb zusammenhängenden Wettbewerbsverbots unmittelbar interessiert[592]. Ebenso sollte sich aus Zweckmässigkeitsgründen der Anspruch auf eine allfällige Karenzentschädigung automatisch gegen den neuen Arbeitgeber richten können[593]. Nun stellt sich die Frage, ob es für die Anwendung von Art. 333 OR allenfalls ausreichen könnte, dass zwar nur noch Nebenpflichten[594] zu erfüllen, die Hauptpflichten aber bereits erloschen sind[595]. Die rechtliche Beziehung zwischen Arbeitgeber und Arbeitnehmer besteht doch solange weiter, als überhaupt Pflichten – nicht bloss Hauptpflichten – zu erfüllen sind[596]. Dies muss nach der hier vertretenen Ansicht ausreichen, um eine direkte Anwendung von Art. 333 OR auch nach der „Beendigung" des Arbeitsverhältnisses zu rechtfertigen[597]. Diese Auffassung

590 Im deutschen Recht explizit in § 613a BGB; vgl. auch Löwe, S. 128 f.

591 In diesem Sinne wohl BK-Rehbinder, Art. 340c OR N 2; Grüll/Janert, S. 82; Buchner, Rz. C 459.

592 Vgl. auch Buchner, Rz. C 449.

593 Buchner, Rz. C 460.

594 Das Wettbewerbsverbot als nachwirkende Nebenpflicht; vgl. auch Kallenbach, S. 25.

595 So Buchner, Rz. C 461; zu den unterschiedlichen Ansichten vgl. Kallenbach, S. 19 ff., mit Hinweisen.

596 Buchner, ebd.; ähnlich Kallenbach, S. 28, die im nachvertraglichen Konkurrenzverbot eine „Restwirkung" des Arbeitsverhältnisses erblickt, welche nach einer Teilbeendigung des Arbeitsverhältnisses zum Zeitpunkt der Beendigung der Arbeitsleistung weiterdauert.

597 Häfliger, S. 44, wendet Art. 333 OR zwar nicht direkt an, da nach seiner Ansicht kein Arbeitsverhältnis mehr bestehe, doch gehe das Recht auf Konkurrenzenthaltung deshalb auf den Erwerber über, weil es zum Geschäftswert gehöre. Bohny, S. 137, ver-

überzeugt nicht nur aus Zweckmässigkeitsgründen, sondern auch betreffend die Interessenlage der beteiligten Parteien. Betroffen sind natürlich nur die mit dem Betrieb oder Betriebsteil konnexen Wettbewerbsverbote. Den Parteien bleibt es aber unbenommen, im Übernahmevertrag den Verbleib der Berechtigung aus dem Konkurrenzverbot beim Veräusserer zu vereinbaren[598]. Lehnt man einen gesetzlichen Übergang des Wettbewerbsverbots (oder kraft Vertragsauslegung[599]) ab, so muss der Veräusserer des Betriebes dem Erwerber die Berechtigung explizit übertragen. Dies ist trotz Art. 333 Abs. 4 OR zulässig, weil dann eben gerade kein Arbeitsvertrag mehr besteht. Durch eine solche vertragliche Übertragung entsteht aber eben eine Spaltung zwischen der Verbotsberechtigung und der Verpflichtung zur Leistung der Karenzentschädigung, ausser der Arbeitnehmer gäbe seine Zustimmung zur Übertragung der Zahlungsverpflichtung[600]. Zudem hätte dies zur Folge, dass Wettbewerbsverbote tendenziell entfallen würden, wenn die Berechtigung beispielsweise aus Nachlässigkeit nicht übertragen wird. Denn der alte Arbeitgeber als Verbotsberechtigter verliert vermutlich sein Interesse an der Aufrechterhaltung der Verbote mit der Betriebsübertragung. Dies kann nicht die sachgerechte Lösung sein. Es drängt sich deshalb eine direkte – zumindest jedoch analoge – Anwendung von Art. 333 Abs. 1 OR zur Übertragung bestehender Konkurrenzverbote auch nach Beendigung des Arbeitsverhältnisses auf.

II. Zulässigkeit des Ablehnungsrechts

Losgelöst von der Frage, wie die Berechtigung aus dem Wettbewerbsverbot beurteilt wird, als gesetzlicher oder vertraglicher Übergang, dem Arbeitnehmer steht jedenfalls kein Ablehnungsrecht mehr zu. Denn das Ablehnungsrecht von Art. 333 Abs. 1 OR will wegen der Höchstpersönlichkeit der Arbeitspflicht nur besondere persönlichkeitsrechtliche Belange des Arbeitnehmers schützen. Da diese aber durch die Übertragung des Konkurrenzver-

---

mutet den Übergang des Wettbewerbsverbots gestützt auf Art. 164 OR und die Tatsache, dass das Konkurrenzverbot in der Regel nicht an eine natürliche Person gebunden sei (zustimmend ZK-Staehelin, Art. 340c OR N 18).

598 Lässt man eine direkte Anwendung von Art. 333 OR nicht zu, so muss zumindest eine analoge Anwendung möglich sein (Buchner, Rz. C 460; anders Grüll/Janert, S. 82, wobei zu beachten ist, dass der Wortlaut von § 613a BGB im Gegensatz zu Art. 333 OR explizit ein bestehendes Arbeitsverhältnis voraussetzt.

599 Bohny, S. 137.

600 Grüll/Janert, S. 82.

bots allein nicht tangiert werden, ist ein Ablehnungsrecht des Arbeitnehmers abzulehnen[601].

III. Inhaltliche Konsequenzen des Übergangs

Der Geltungsbereich des Konkurrenzverbots kann nach Beendigung des Arbeitsverhältnisses durch einen Betriebsübergang nicht ausgeweitet werden. Relevant sind einzig die tatsächlichen Verhältnisse zum Zeitpunkt der Auflösung des Arbeitsverhältnisses. Auch wenn die geschäftliche Aktivität des Erwerbers über die des alten Arbeitgebers hinausgehen sollte, gilt das Konkurrenzverbot nur in dem durch den ursprünglichen Einblick definierten Bereich[602]. Gibt der neue Betriebsinhaber aber die vom Konkurrenzverbot begünstigten Geschäftsbereiche auf, so fällt das Konkurrenzverbot mangels berechtigter Interessen weg, doch stellt sich auch hier wieder die Frage, ob sich der neue Arbeitgeber im Betriebsübernahmevertrag verpflichten kann, die Wettbewerbsinteressen des alten Arbeitgebers zu wahren und damit den Wegfall des Verbots – trotz Entfallens der eigenen Interessen – zu verhindern. Was diese Problematik betrifft, kann grundsätzlich auf das oben Ausgeführte verwiesen werden[603].

---

601 BK-Rehbinder, Art. 340c OR N 2; ZK-Staehelin, Art. 340c OR N 18. Allenfalls könnte man aber erwägen, ob bei einem gesetzlichen Übergang der Schuldnerstellung der Karenzentschädigung ein Ablehnungsrecht bestehen müsste.

602 Bohny, S. 138.

603 Vgl. oben S. 94 f.

6. Abschnitt: Folgen der Übertretung des Verbots

Die möglichen Folgen der Übertretung des Konkurrenzverbots sind in Art. 340b OR aufgeführt. Namentlich sind dies Schadenersatz[604], Konventionalstrafe[605] und allenfalls ein Erfüllungsanspruch[606]. Die Einordnung von Art. 340b OR unter die absolut zwingenden Bestimmungen wird einhellig als gesetzgeberische Fehlleistung bezeichnet[607].

Ganz grundsätzlich ist festzuhalten, dass der Arbeitnehmer das Konkurrenzverbot bereits dann übertritt, wenn er eine gemäss der Wettbewerbsabrede verbotene Tätigkeit ausübt[608], und nicht erst durch die Verwertung schützenswerter Kenntnis im einzelnen. Verboten ist also jede Form von Tätigkeit, die von der Klausel örtlich, sachlich und zeitlich erfasst wird. Darunter fällt insbesondere der selbständige Betrieb, die Beteiligung an oder die Tätigkeit in einem Unternehmen, das zum alten Arbeitgeber in einem Konkurrenzverhältnis stehen[609]. Die Geltungsdauer des Konkurrenzverbots beginnt immer mit der Beendigung des Arbeitsverhältnisses und nicht erst mit einer allfällig konkurrierenden Tätigkeit zu laufen[610]. Dies gilt auch für den Fall einer fristlosen Kündigung, und zwar ungeachtet deren Rechtmässigkeit[611].

§ 17 Die Schadenersatzpflicht

Haben die Parteien nichts Besonderes verabredet, so ist der schuldhaft konkurrierende Arbeitnehmer grundsätzlich für denjenigen Schaden ersatzpflichtig, den er adäquat kausal verschuldet hat[612]. Wie im allgemeinen Vertragsrecht trifft die Beweispflicht auch beim Konkurrenzverbot den geschädigten Arbeitgeber[613]. Dies gilt namentlich für das Vorliegen einer konkurrie-

---

604 Art. 340b Abs. 1 OR; siehe dazu unten S. 100 ff.
605 Art. 340b Abs. 2 OR; siehe dazu unten S. 105 ff.
606 Art. 340b Abs. 3 OR; siehe dazu unten S. 116 ff.
607 Vgl. statt vieler BK-Rehbinder, Art. 340b OR N 1.
608 Brühwiler, Art. 340b OR N 1.
609 Siehe zum Wettbewerbsverhältnis oben S. 41 ff.
610 Bohny, S. 129.
611 Streiff/von Kaenel, Art. 340a OR N 10.
612 Art. 340b Abs. 1 OR; Botschaft, S. 401.
613 Art. 8 ZGB.

renden Tätigkeit, für den Schaden und dessen Höhe[614] sowie für den adäquaten Kausalzusammenhang[615]. Das Verschulden des Arbeitgebers wird entsprechend den Regeln der Art. 97 ff. OR vermutet[616].

A. *Schaden*

Der vom Arbeitnehmer zu ersetzende Schaden umfasst grundsätzlich das Erfüllungsinteresse des Arbeitgebers. Er setzt sich also aus dem tatsächlich eingetretenen Vermögensverlust, dem entgangenen Gewinn und einem allfälligen immateriellen Schaden zusammen[617]. Nicht zu berücksichtigen ist jedoch ein möglicher künftiger Schaden[618]. Ist der Schaden noch nicht abschätzbar, so kann vorerst eine Feststellungsklage erhoben werden, oder der Richter hat diesen bei nur schwer zu beziffernder Schadenshöhe aufgrund der Lebenserfahrung zu schätzen[619]. Der entstandene Schaden lässt sich beispielsweise aufgrund einer Umsatzeinbusse berechnen, doch ist immer auch dem Einfluss anderer Faktoren genügend Rechnung zu tragen, wie beispielsweise einer besonders schlechten konjunkturellen Lage[620].

B. *Adäquater Kausalzusammenhang*

Der Schaden des Arbeitgebers muss wie im allgemeinen Vertragsrecht adäquat kausale Folge der Verletzung des Konkurrenzverbots sein. Umstritten ist, ob auch derjenige Schaden vom Arbeitnehmer zu ersetzen ist, der nicht durch die Verwertung von Geschäftsgeheimnissen, sondern aufgrund der persönlichen Eigenschaften und Fähigkeiten des Arbeitnehmers eingetreten ist[621]. Verneint wird die Ersatzpflicht von der heute vorherrschenden Meinung insbesondere deshalb, weil die Verwendung der persönlichen Fähigkeiten nicht

---

[614] Die Beweispflicht des Arbeitgebers ist bei Forderungen unter einem Streitwert von Fr. 20'000.– durch die Offizialmaxime gemildert (Art. 343 OR; vgl. Streiff/von Kaenel, Art. 340b OR N 3).

[615] Bohny, S. 150 f.; Streiff/von Kaenel, Art. 340b OR N 2 und 3.

[616] BK-Rehbinder, Art. 340b OR N 2.

[617] Häfliger, S. 65; BK-Rehbinder, Art. 340b OR N 3; Brühwiler, Art. 340b OR N 1; Streiff/von Kaenel, Art. 340b OR N 2; Bohny, S. 151.

[618] BK-Rehbinder, Art. 340b OR N 3; Bohny, S. 151; a.A. Kuhn, S. 78.

[619] Art. 99 Abs. 3 und Art. 42 Abs. 2 OR; BK-Rehbinder, Art. 340b OR N 3.

[620] KGer VS, JAR 1996, S. 284.

[621] Siehe sogleich Anm. 622.

widerrechtlich sei[622]. Demnach mangle es an einem adäquaten Kausalzusammenhang zwischen dem Einsatz der persönlichen Fähigkeiten und dem beim Arbeitgeber entstandenen Schaden[623].

I. Schädigung durch Einsatz der persönlichen Fähigkeiten

Zur Klärung dieser Problematik muss vorerst kurz auf Konkurrenzverbote ausserhalb des Arbeitsrechts eingegangen werden. Vereinbaren zwei Parteien ein Wettbewerbsverbot im allgemeinen Vertragsrecht[624], so wird dieses unzweifelhaft bereits durch jede Aktivität des Verpflichteten im verpönten Bereich verletzt, und er wird entsprechend für sämtlichen daraus entstehenden Schaden ersatzpflichtig. Für die Berechnung des Schadens ist die Verletzung des Verbots an sich relevant, nicht hingegen, welche Kenntnisse hierbei verwendet worden sind. Im Interesse des Arbeitnehmerschutzes stellt der Gesetzgeber an die Gültigkeit arbeitsvertraglicher Konkurrenzverbote besondere Anforderungen. Diese Einschränkungen betreffen unter anderem die Zulässigkeitsvoraussetzungen[625], die Ausgestaltung des Wirkungsbereiches[626] und eine besondere Regelung des Wegfalls des Verbots. Die Abweichung von der Vertragsfreiheit rechtfertigt sich mitunter auch wegen der schwächeren Stellung des Arbeitnehmers und der existentiellen Bedeutung eines uneingeschränkten wirtschaftlichen Fortkommens. In örtlich, zeitlich und sachlich beschränktem Rahmen ist aber das arbeitsvertragliche Konkurrenzverbot dem allgemeinen gleichgestellt. Insbesondere werden die Verbote durch dieselben Handlungen der Verpflichteten verletzt, und entsprechend müssen auch die Schadenersatzfolgen übereinstimmen[627]. Konkret heisst das hier, dass bereits der Verstoss

---

622 So Bohny, S. 152 f.; BK-Rehbinder, Art. 340b OR N 3; Brühwiler, Art. 340b OR N 1; Vischer, S. 194 f. Anders hingegen BGE 72 II 80 ff. (= Pra 35 [1946], Nr. 47); Kuhn, S. 78 ff.; Häfliger, S. 65 f.; Botschaft, S. 401, unter Hinweis auf BGE 72 II 80; GewV, Art. 340b OR N 2.

623 Bohny, S. 152 Anm. 32; BK-Rehbinder, Art. 340b OR N 3; Brühwiler, Art. 340b OR N 1; Vischer, S. 194 f.

624 Im Rahmen der Vertragsfreiheit können die Parteien die verbotenen Tätigkeiten beliebig definieren.

625 So z.B. der Einblick in Geschäftsgeheimnisse, den Kundenkreis oder besondere Formerfordernisse.

626 In örtlicher, zeitlicher und sachlicher Hinsicht.

627 BGE 72 II 80 (= Pra 35 [1946], Nr. 47): „Das Gesetz sieht hier im Gegenteil eine Klage wegen Nichterfüllung eines Vertrages im Sinne der Art. 97 ff. OR vor, zum mindesten also eine Klage auf Ersatz des Erfüllungsinteresses, das heisst des Interesses, das derjenige, zu dessen Gunsten die Konkurrenzklausel vereinbart worden ist, an ihrer Einhaltung hat. Unter ‚Übertretung' ist somit die Begehung von Wettbe-

gegen das Verbot an sich die volle Schadenersatzpflicht auslöst und nicht noch zu unterscheiden ist, ob der Schaden aufgrund besonderer, beim Arbeitgeber erworbener Kenntnisse oder nur wegen der persönlichen Fähigkeiten des Arbeitnehmers entstanden ist. Denn ob ein Konkurrenzverbot verletzt ist, beurteilt sich allein nach dem zulässig vereinbarten Umfang des Wettbewerbsverbots[628]. Die Beschränkung der Vertragsfreiheit dient nicht der Limitierung der Schadenersatzpflicht, sondern dem Schutz der wirtschaftlichen Betätigungsfreiheit des Arbeitnehmers[629]. Dieser Schutz erschöpft sich aber in den besonders strengen Anforderungen an die Verbindlichkeit. Die gesamte Interessenabwägung, verbunden mit den objektiv zu erfüllenden Gültigkeitsvoraussetzungen[630], wird pauschal durch eine örtliche, sachliche und zeitliche Begrenzung zusammengefasst. Dabei werden bestimmte, an sich verbotene Aktivitäten erlaubt, innerhalb des pauschalen Verbotes aber auch an sich erlaubte Tätigkeiten – eben die Verwertung der persönlichen Fähigkeiten – verboten. Die persönlichen Fähigkeiten sind aber bereits bei der hypothetischen Schädigungsmöglichkeit ausreichend berücksichtigt worden. Überwiegen diese in der Schadensprognose gegenüber der schützenswerten Kenntnis, so ist das Verbot bereits als Ganzes nicht zulässig.

Gestützt wird die hier vertretene Ansicht auch dadurch, dass eine Karenzentschädigung für die Konkurrenzenthaltung als solche bezahlt wird und nicht bloss für das Verbot der Verwertung besonderer Kenntnis. Verletzt der Arbeitnehmer die Verbotsabrede, so entfällt der Anspruch auf die Karenzentschädigung ungeachtet der konkreten Verwendung von Geschäftsgeheimnissen. Auch bei der Beurteilung der Erschwerung des wirtschaftlichen Fortkommens muss davon ausgegangen werden, dass der Arbeitnehmer sich gemäss der Wettbewerbsvereinbarung überhaupt nicht konkurrierend betätigen, nicht hingegen bloss keine Geschäftsgeheimnisse verwerten darf. Weiter muss beachtet werden, dass auch eine Konventionalstrafe bereits mit der konkurrierenden Betätigung als solcher fällig wird[631] und nicht erst bei der konkreten Verwendung von Geschäftsgeheimnissen[632]. Entsprechend darf auch die

werbshandlungen schlechthin zu verstehen, wie zum Beispiel die Annahme einer Stelle bei einem Konkurrenten."

628 Brühwiler, Art. 340b OR N 1.

629 Und damit geht es zu weit, aus den besonderen Voraussetzungen des Arbeitsrechts auf eine spezielle Widerrechtlichkeit abzustellen.

630 Insbesondere auch die Möglichkeit einer erheblichen Schädigung durch die Verwertung besonderer Kenntnisse. Die hypothetische Schädigungsmöglichkeit ist reines Gültigkeitserfordernis im Rahmen der Beschränkung der Vertragsfreiheit.

631 Vgl. auch Brühwiler, Art. 340b OR N 2.

632 Das kann dem Arbeitnehmer auch zugute kommen, denn bestraft wird mit der Konventionalstrafe das Tätigwerden als solches, nicht aber jedes einzelne Abwerben (vgl.

Schadenersatzfolge nur an diesen Verletzungsbegriff anknüpfen. Es ist nicht ersichtlich, weshalb sich hier eine unterschiedliche Anwendung rechtfertigen sollte; schliesslich wird das Konkurrenzverbot wegen der erheblichen Beweisschwierigkeiten des Arbeitgebers generell und pauschal ausgestaltet, denn es soll ihn eben vom einzelnen Nachweis der Verwendung von Geschäftsgeheimnissen entbinden. Es soll mit der Wettbewerbsvereinbarung also eine praktikable Form der Wettbewerbsenthaltung geschaffen werden. Wäre nun im einzelnen vom Arbeitgeber zu beweisen, welche Eigenschaften zu welchem Schaden führten, so würde das Konkurrenzverbot als solches aus den Angeln gehoben. Dabei kann es keine Rolle spielen, ob das vorliegende Problem wegen der regelmässig vereinbarten Konventionalstrafen von geringer praktischer Bedeutung ist[633]. Wird so argumentiert, so verleitet das ohnehin nur zu übersetzten Vertragsstrafen, ansonsten der Arbeitgeber mit zusätzlichen Beweisschwierigkeiten zu rechnen hätte. Im übrigen bereitet bereits der Nachweis des Schadens im hier verstandenen Sinne dem Arbeitgeber ausreichend Schwierigkeiten. Müsste er noch die Verwendung der geschützten Kenntnis im einzelnen beweisen, so würde ihm dies wohl kaum je gelingen. Wenn am Konkurrenzverbot festzuhalten ist, dann ist es richtig, an die Verbindlichkeit hohe Anforderungen zu stellen, doch muss bei einem gültigen Konkurrenzverbot auch dem Arbeitgeber adäquat zu dessen Durchsetzung verholfen werden.

II. Unterbrechungsgründe

Wie immer bei der Prüfung des adäquaten Kausalzusammenhangs ist auch hier allfälligen Unterbrechungsgründen Rechnung zu tragen. Wechseln beispielsweise mehrere Arbeitnehmer in denselben Konkurrenzbetrieb, so kann der adäquate Kausalzusammenhang der Schädigung durch einen Angestellten durchaus durch das Verhalten eines anderen unterbrochen werden. Zu denken ist insbesondere daran, dass ein subalterner Angestellter einem Kadermitglied in eine neue Firma folgt[634]. Anders als bei der Frage nach der abstrakten Schädigungsmöglichkeit als Gültigkeitsvoraussetzung ist hier auf die tatsächlichen Verhältnisse abzustellen[635]. Der adäquate Kausalzusammenhang

AGer ZH, 16.10.1989). Entsprechend kann es auch für die Schadenersatzfolge nicht auf die Verwertung der einzelnen Kenntnis ankommen, sondern nur auf das Tätigwerden als solches.

[633] Bohny, S. 153 Anm. 36.

[634] Vgl. zum diesem Beispiel auch BGer, JAR 1988, S. 349.

[635] Vgl. dazu oben S. 31 ff.

zwischen der Konkurrenztätigkeit des subalternen Angestellten und dem behaupteten Schaden kann durchaus durch die Konkurrenztätigkeit des Kadermitgliedes unterbrochen werden.

C. Verschulden

Das Verschulden des Arbeitnehmers an der Verletzung des Wettbewerbsverbots wird vermutet, und es steht ihm lediglich die Möglichkeit der Exkulpation offen (Art. 97 Abs. 1 OR)[636]. Da der Arbeitnehmer für jedes Verschulden, d.h. auch für ein geringfügiges haftet, kann er sich wohl in den wenigsten Fällen exkulpieren. Möglich wäre dann – ebenso bei einem allfälligen Mitverschulden des Arbeitgebers – allerdings eine Reduktion der Ersatzpflicht (Art. 99 Abs. 3, 43 Abs. 1, 44 Abs. 1 und 44 Abs. 2 OR)[637]. BOHNY will bei den „unentgeltlichen" Konkurrenzverboten, also denjenigen ohne Karenzentschädigung, aufgrund von Art. 99 Abs. 2 OR immer eine Ermässigung der Ersatzpflicht vornehmen[638]. Dies erscheint aber angesichts des (verfehlten) gesetzgeberischen Verzichts auf eine zwingende Karenzentschädigung als problematisch.

§ 18 Konventionalstrafe

A. Im allgemeinen

Konventionalstrafen werden im Zusammenhang mit Konkurrenzverboten regelmässig vereinbart[639]. Sie müssen als Nebenabreden, wie das Verbot selbst, schriftlich vereinbart werden[640]. In erster Linie ersparen sie dem Arbeitgeber den oft schwierigen Nachweis eines Schadens, da sie allein schon aufgrund der schuldhaften Übertretung des Verbots verfallen[641]. Weiter sollen sie den Arbeitnehmer für den Verstoss gegen die Vereinbarung bestrafen,

---

636 BK-Rehbinder, Art. 340b OR N 5.

637 BK-Rehbinder, Art. 340b OR N 5.

638 Bohny, S. 153.

639 Streiff/von Kaenel, Art. 340b OR N 4; Brühwiler, Art. 340b OR N 2. Die Konventionalstrafe ist immer akzessorisch zur Hauptverpflichtung, kann demnach nur dann gefordert werden, wenn das Konkurrenzverbot gültig ist (vgl. Häfliger, S. 69).

640 Art. 340 Abs. 1 OR; BK-Rehbinder, Art. 340b OR N 7.

641 Dafür ist grundsätzlich der Arbeitgeber beweispflichtig (vgl. ZK-Staehelin, Art. 340b OR N 7).

bzw. ihn dank dieser Strafwirkung bereits präventiv von der Übertretung des Verbots abhalten[642]. Der Konventionalstrafe kommt also eine Mischfunktion zwischen Schadenersatz, Strafe und Abschreckung zu.

Die Folgen der Übertretung eines Wettbewerbsverbots mit Konventionalstrafe sind grundsätzlich in Art. 340b Abs. 2 OR geregelt. Danach kann sich der Arbeitnehmer in Abweichung von Art. 160 Abs. 3 OR, wenn nichts anderes vereinbart worden ist[643], durch Leistung der Konventionalstrafe vom Verbot befreien. Ohne gegenteilige Abrede ist die Konventionalstrafe hier also Exklusivkonventionalstrafe oder Wandelpön. Eine ausdrückliche Rücktrittserklärung vom Konkurrenzverbot ist aber nicht erforderlich, sondern es fällt mit der Bezahlung ohne weiteres dahin[644]. In einem gewissen inneren Widerspruch zu dieser Regelung bleibt der Arbeitnehmer jedoch vermutungsweise für den weiteren Schaden ersatzpflichtig[645]. Zu beachten gilt es aber, dass erst nach der Bezahlung der Konventionalstrafe, also nach dem Wegfall des Konkurrenzverbots, entstandene Schäden, welche die Konventionalstrafe übersteigen, vom Arbeitnehmer nicht mehr zu ersetzen sind[646]. Bleibt der Arbeitnehmer hingegen aufgrund einer besonderen vertraglichen Verpflichtung an das Konkurrenzverbot gebunden, so hat er auch den nach der Leistung der Konventionalstrafe verursachten Schaden zu ersetzen. Die Konventionalstrafe ist im Sinne des Arbeitnehmerschutzes – ohne gegenteilige Abrede – für alle Übertretungen vermutungsweise nur einmal geschuldet[647]. Letztlich ist dies aber eine Frage der Vertragsauslegung. Anhaltspunkt für die eine oder andere Lösung kann die Höhe der vereinbarten Konventionalstrafe sein. Wurde beispielsweise eine sehr tiefe Vertragsstrafe verabredet, so spricht dies eher für

---

642 Vgl. Pflüger, S. 59.

643 Die Parteien können aber vereinbaren, dass der Arbeitnehmer – mit oder ohne Verbotsübertretung – trotz Leistung der Konventionalstrafe weiterhin bis zum ursprünglich vereinbarten Termin an das Konkurrenzverbot gebunden bleibt.

644 ZK-Staehelin, Art. 340b OR N 7. Nach BK-Rehbinder, Art. 340b OR N 9, liegt deshalb der Rechtsnatur nach keine Vertragsstrafenregelung vor, sondern eine Rücktrittsklausel.

645 Bucher, S. 530. Der Arbeitgeber muss beweisen, dass der entstandene Schaden grösser ist als die vom Arbeitnehmer bezahlte Konventionalstrafe (Art. 340b Abs. 2 OR i.V.m. Art. 161 Abs. 2 OR). Die Schadenssumme ist letztlich vom Richter nach seinem Ermessen zu bestimmen (Art. 42 Abs. 2 OR; Häfliger, S. 74). Bei einer echten Wandelpön hingegen ist ein weitergehender Schadenersatz des Gläubigers vermutungsweise ausgeschlossen (Ehrat, Art. 160 OR N 25).

646 BGE 92 II 38; BK-Rehbinder, Art. 340b OR N 9; Bohny, S. 159; ZK-Staehelin, Art. 340b OR N 7.

647 BK-Rehbinder, Art. 340b OR N 11; Häfliger, S. 70; Bohny, S. 155; Brühwiler, Art. 340b OR N 2; ZK-Staehelin, Art. 340b OR N 7.

den mehrmaligen Verfall der Strafe. Umgekehrt ist eine relativ hohe Strafe wohl nur einmal zu entrichten[648].

B. Höhe der Konventionalstrafe

Die Höhe der Vertragsstrafe können die Parteien grundsätzlich frei vereinbaren[649]. In der Praxis wird sie üblicherweise fix verabredet oder nach Grössen wie dem Jahressalär oder dem Umsatz bemessen[650]. Übermässig hohe Konventionalstrafen hat der Richter – zum Schutz der schwächeren Partei[651], namentlich des Arbeitnehmers – nach seinem Ermessen herabzusetzen[652]. Der Richter muss gedanklich die Unvertretbarkeitsgrenze der Vertragsstrafe bestimmen und die unverhältnismässige Strafe gerade auf diese Grenze herabsetzen, also auf die Höhe, die gerade noch angemessen ist. Liegt die Strafe aber bereits in diesem Bereich, so ist dem Richter eine Anpassung versagt[653]. Weil mit der richterlichen Herabsetzung ein Eingriff in den fundamentalen Grundsatz der Vertragstreue und Vertragsfreiheit einhergeht, ist Zurückhaltung geboten[654]. Ein Eingriff rechtfertigt sich nur dann, wenn das Ausmass der Konventionalstrafe unvernünftig übersetzt ist und mit den Anforderungen der Gerechtigkeit und Billigkeit offenbar in Widerspruch steht; dann nämlich, wenn die Strafhöhe das Erfüllungsinteresse des Arbeitgebers an der Einhaltung des Verbots in einem mit Recht und Billigkeit nicht zu vereinbarenden Mass übersteigt[655]. Im Arbeitsrecht rechtfertigt sich eine Herabsetzung der Konventionalstrafe für einen Arbeitnehmer wegen seiner regelmässig schwächeren Stellung eher als für wirtschaftlich gleichgestellte und geschäftskundige Vertragspartner[656]. Der Richter muss jeweils alle Umstände nach freiem, aber pflichtgemässem Ermessen und unter Würdigung des Einzelfalles beurteilen[657]. Dabei ist insbesondere dem Interesse des Arbeitgebers an der Ein-

648 Vgl. auch Grüll/Janert, S. 105; Schaub, S. 429.
649 Art. 163 Abs. 1 OR.
650 Streiff/von Kaenel, Art. 340b OR N 4; ZK-Staehelin, Art. 340b OR N 10.
651 BGE 41 II 141 ff.; Ehrat, Art. 163 OR N 13.
652 Art. 163 Abs. 3 OR.
653 Staudinger/Rieble, § 343 BGB N 61 ff.
654 BGE 95 II 540, 103 II 135; Streiff/von Kaenel, Art. 340b OR N 5; Brühwiler, Art. 340b OR N 3.
655 BGE 82 II 146, 103 II 129, 95 II 540.
656 BGE 114 II 264 f., 51 II 170 f.; vgl. auch Bentele, S. 120.
657 BGE 41 II 144 ff.; Gauch/Schluep, N 3951.

haltung des Verbots[658], der wirtschaftlichen Lage des Arbeitnehmers und der Schwere des Verschuldens an der Übertretung[659] bzw. der Hauptvertragsverletzung[660] angemessen Rechnung zu tragen[661]. Weiter sind unter Umständen die Art und Dauer des Anstellungsverhältnisses[662], der Zeitpunkt der Übertretung[663], eine Karenzentschädigung[664] und ausnahmsweise ein fehlender Schaden bis zum Ablauf der Verbotszeit[665] zu berücksichtigen[666]. In der Regel ist ein tatsächlicher Schaden aber gerade nicht erforderlich, da die Konventionalstrafe unter anderem auch vom Nachweis eines solchen entbinden soll[667].

I. Bemessung im allgemeinen

Die richtige Bemessung der Konventionalstrafe erweist sich im Hinblick auf ihre verschiedenen Funktionen, die Besonderheiten des Arbeitsrechts und das Fehlen einer generell anwendbaren Regel als relativ schwierig. Allgemein ist die Tendenz festzustellen, dass die Gerichte die Konventionalstrafen mehr aufgrund eines schwer nachvollziehbaren Billigkeitsentscheids fest-

---

658 Nach AppGer TI, JAR 1991, S. 303 ff., hat der Richter bei der Herabsetzung einer Konventionalstrafe den berechtigten Interessen des Arbeitgebers an einer effektiven Konkurrenzklausel genügend Beachtung zu schenken; so auch ZivGer BS, BJM 1991, S. 86.

659 Beispielsweise ist eine nur einmalige Übertretung des Verbots schuldmindernd zu berücksichtigen (AGer GE, JAR 1993, S. 241; vgl. zudem BGE 103 II 135; AGer ZH, JAR 1990, S. 328).

660 BGE 52 II 226, 30 II 529; Kritik bei Bentele, S. 120 f.

661 BGE 95 II 539; Kuttler, S. 37; BK-Rehbinder, Art. 340b OR N 8; Bohny, S. 158. Nach Streiff/von Kaenel, Art. 340b OR N 5, fällt die persönliche Situation des Arbeitnehmers besonders ins Gewicht.

662 BGE 103 II 108, 114 II 265. Bei der Bemessung der Konventionalstrafe berücksichtigte das AGer ZH beispielsweise, dass der Arbeitnehmer die Stelle bereits nach siebeneinhalb Monaten verliess und während dieser Zeit pro rata temporis Fr. 58'000.– verdiente. Es ging für die Bemessung der Konventionalstrafe (ursprünglich Fr. 100'000.– vereinbart) von diesem reduzierten Einkommen aus (AGer ZH, 11.4.1994).

663 Z.B. erst kurz vor Ablauf der Verpflichtung (OGer ZH, JAR 1998, S. 260). Ist in dieser kurzen Zeit aber eine Schädigung in der Höhe der Konventionalstrafe noch möglich, so soll die Strafe nicht reduziert werden.

664 Streiff/von Kaenel, Art. 340b OR N 5.

665 Vgl. BGE 103 II 108 f.; Bohny, S. 158; AGer ZH, 11.4.1994. Fehlt ein Schaden beim Berechtigten und kann auch keiner mehr eintreten, so hat die ganze Konventionalstrafe nur noch pönale Funktion.

666 Vgl. zum Ganzen Bohny, S. 158; BK-Rehbinder, Art. 340b OR N 8; Brühwiler, Art. 340b OR N 3; Streiff/von Kaenel, Art. 340b OR N 5.

667 BGE 95 II 532, 103 II 108; Häfliger, S. 72; Brühwiler, Art. 340b OR N 3; Streiff/von Kaenel, Art. 340b OR N 5. Anders AGer ZH, JAR 1990, S. 328.

legen, weniger jedoch nach ihren Funktionen unterscheiden und das Interesse des Arbeitgebers an der Einhaltung des Verbots genauer prüfen. Statt dessen orientieren sie sich direkt am Jahressalär des Arbeitnehmers und stellen diesem das Verschulden an der Übertretung gegenüber[668]. Nur wenn den Arbeitnehmer ein massives Verschulden trifft, wird eine Strafe von maximal einem Jahresgehalt geschützt[669]. Zwar gibt das Gesetz selbst – ausser in den Fällen der Art. 226i Abs. 2 OR und Art. 227h Abs. 3 OR – keine positive Antwort auf die Frage, was unter einer übermässigen Konventionalstrafe zu verstehen ist, sondern überlässt diesen Entscheid dem Ermessen des Richters. Doch soll nicht davon abgesehen werden, die einzelnen Bemessungskriterien genau zu prüfen. Insbesondere ist dem Interesse des Arbeitgebers an der Einhaltung des Verbots angemessen Rechnung zu tragen. Werden nämlich Konventionalstrafen standardmässig reduziert und beinahe losgelöst vom möglichen Schaden nur noch an der wirtschaftlichen Leistungsfähigkeit des Arbeitnehmers gemessen, so verlieren sie nicht nur ihre Bedeutung bezüglich des Schadenersatzes, sondern vor allem auch ihre Abschreckungsfunktion. Aus den teilweise wesentlichen Überschneidungen der Konventionalstrafe mit einer eigentlichen Schadenspauschale[670] ergibt sich, dass der Schädigungsmöglichkeit und damit den Interessen des Arbeitgebers an der Einhaltung des Verbots grösseres Gewicht eingeräumt werden muss[671]. Denn je mehr die Konventionalstrafe zur Deckung des hypothetischen oder tatsächlichen Schadens eingesetzt wird, desto kleiner wird der Anteil mit eigentlichem Strafcharakter. Sind auch die weiteren Voraussetzungen der Schadenspauschale erfüllt, so ist nur noch Auslegungsfrage, ob von einer Konventionalstrafe oder einer Schadenspauschalisierung ausgegangen wird. Zwar unterscheidet sich die Schadenspauschale von der Konventionalstrafe immer noch dadurch, dass sie den Schadenersatz auch gegen oben begrenzen will[672]. Faktisch wird es aber wegen der regelmässig erheblichen Beweisschwierigkeiten für den die Konventionalstra-

---

668 Vgl. die Aufstellungen bei Streiff/von Kaenel, Art. 340b OR N 6, und ZK-Staehelin, Art. 304b OR N 11 f.

669 Vgl. auch ZK-Staehelin, Art. 340b OR N 10, und Bohny, S. 157.

670 Vgl. dazu Bucher, S. 525. Zur sog. „Vorausfixierung" des Schadenersatzes vgl. Pflüger, S. 59; Häfliger, S. 69.

671 Die Schadenersatzfunktion der Konventionalstrafe ist aber der Schadenspauschalisierung nicht gleichzusetzen. Die Schadenspauschalisierung soll dem Gläubiger grundsätzlich den Nachweis über Eintritt und Umfang des Schadens erleichtern und in der Regel den geschuldeten Ersatz nach oben begrenzen. Erweist sich dieser als übermässig, so kann er analog Art. 163 Abs. 3 OR herabgesetzt werden (vgl. Gauch/Schluep, N 3974).

672 Eine Reduktion kann analog Art. 163 Abs. 3 OR vorgenommen werden (vgl. Bucher, S. 525).

fe übersteigenden Schaden auch bei der Konventionalstrafe auf dasselbe hinauslaufen. Wenn es also die Interessen des Arbeitgebers – beispielsweise wegen einer bereits eingetretenen sehr hohen Schädigung – und die allgemeinen Kriterien rechtfertigen, so sind unter Umständen auch Konventionalstrafen zu schützen, die ein Jahressalär des Arbeitnehmers übersteigen. Der Erschwerung des wirtschaftlichen Fortkommens des Arbeitnehmers ist in dem Fall nicht mehr besonders Rechnung zu tragen[673]. Der Arbeitnehmer ist in seiner Existenz durch die betreibungsrechtlichen Bestimmungen ausreichend geschützt. Ungerechtigkeiten zu Lasten des Arbeitnehmers können grundsätzlich nur dann entstehen, wenn der Strafanteil der Konventionalstrafe übermässig hoch ist, die prozessualen Risiken des Arbeitgebers nicht genügend berücksichtigt werden oder den Arbeitnehmer nur ein geringes Verschulden an der Übertretung des Verbots trifft. Diesen Problemen ist bei der Bemessung der Konventionalstrafe jedenfalls ausreichend Beachtung zu schenken.

II. Bemessung im einzelnen

Der Unterscheidung zwischen Straf- und Schadenersatzfunktion kommt also entscheidende Bedeutung zu. Soweit die Konventionalstrafe nämlich aufgrund einer realistischen Einschätzung bloss den hypothetischen Schaden abdeckt, so sind an die Übermässigkeit weit höhere Anforderungen zu stellen als an den Teil mit Strafcharakter[674]. Obwohl für die Bemessung der Konventionalstrafe immer auf den Einzelfall abgestellt werden muss, kann die Vorgehensweise grundsätzlich in drei Schritte eingeteilt werden. In den ersten zwei Schritten wird die objektiv angemessene Konventionalstrafe ermittelt. Diese ergibt sich einerseits aus dem Interesse des Arbeitgebers und andererseits aus einem den wirtschaftlichen Verhältnissen des Arbeitnehmers angepassten Betrag mit reinem Strafcharakter. Erst im dritten und letzten Schritt wird die gesamte Konventionalstrafe aufgrund weiterer Kriterien – insbesondere des Verschuldens des Arbeitnehmers – konkret angepasst.

---

673 Die Erschwerung des wirtschaftlichen Fortkommens ist in erster Linie bei den Gültigkeitsvoraussetzungen zu berücksichtigen.

674 Vgl. Pflüger, S. 63; BGE 52 II 223.

1. Interesse des Arbeitgebers an der Einhaltung des Verbots

In einem ersten Schritt ist also das Interesse des Arbeitgebers an der Einhaltung des Verbots zu beziffern[675]. Daraus soll aber nicht geschlossen werden, dass der Arbeitgeber dieses Interesse ziffernmässig nachzuweisen hätte; denn damit würde Art. 161 Abs. 1 OR umgangen. Vielmehr muss der Arbeitnehmer ein Missverhältnis behaupten und nachweisen[676]. Das Interesse des Arbeitgebers kann in der Regel dem hypothetischen Schaden aus der Verletzung des Verbots gleichgestellt werden, auch wenn unter Umständen das eigentliche Erfüllungsinteresse noch weiter gehen kann[677]. Der hypothetische Schaden setzt sich aus dem bereits entstandenen[678] und dem allenfalls noch nicht nachweisbaren, aber sehr wahrscheinlichen Schaden zusammen[679]. Bei der Schätzung der Schadenshöhe ist zu berücksichtigen, dass der Arbeitgeber in einem ordentlichen Schadenersatzprozess mit erheblichen Beweisschwierigkeiten zu rechnen hätte, welche ihm hier erspart bleiben. Ebenfalls zu berücksichtigen ist die Ungewissheit, dass der hypothetische Schaden allenfalls doch nicht eintreten wird.

2. Der Strafbetrag

In einem zweiten Schritt ist aus der Differenz des hypothetischen Schadens zur vereinbarten Konventionalstrafe der eigentliche Strafbetrag zu ermitteln. Erweist sich dieser im Verhältnis zur wirtschaftlichen Lage des Verpflichteten zur Zeit der Übertretung als übermässig hoch, d.h. in einem mit

675 Häfliger, S. 72 f.

676 Art. 8 ZGB; BGE 40 II 476 und 103 II 109.

677 Denn es sind auch immaterielle Interessen des Gläubigers zu berücksichtigen (BGE 24 II 126, 29 II 704 f., 63 II 250; Häfliger, S. 69).

678 So in BGE 82 II 147 und 103 II 109; OGer ZH, JAR 1998, S. 260; ebenso Bohny, S. 156; anders Streiff/von Kaenel, Art. 340b OR N 5, die eine Berücksichtigung nur sehr am Rande zulassen wollen.

679 BGE 103 II 109 und 68 II 175 gehen vom *höchstmöglichen* Schaden aus, das OGer ZH, JAR 1998, S. 256, vom *potentiellen*. Entscheidend ist jedenfalls, dass der Schaden mit einer relativ hohen Wahrscheinlichkeit eintreten wird. Denn würde allein vom theoretisch höchstmöglichen Schaden ausgegangen, so hätte dies eine krasse Erhöhung der Konventionalstrafe zur Folge. Je unwahrscheinlicher der Schaden eintreten wird, desto mehr kommt der Konventionalstrafe Pönalcharakter im eigentlichen Sinne zu. Da der hypothetische Schaden aber eben noch nicht vorliegt, muss dies hier adäquat berücksichtigt werden. Vgl. auch Bentele, S. 117 f.

Recht und Billigkeit nicht zu vereinbarenden Mass übersetzt[680], so ist er bereits jetzt auf das zulässige Mass herabzusetzen[681]. Grundsätzlich ergibt sich aus den arbeitsvertraglichen Schutzbestimmungen, dass nicht nur das Konkurrenzverbot an sich, sondern auch die damit verbundene Vertragsstrafe das wirtschaftliche Fortkommen der betroffenen Person nicht unbillig erschweren darf[682]. Gemeint ist damit aber nicht die Vertragsstrafe als Ganzes, sondern nur derjenige Teil, dem Pönalfunktion zukommt[683]. Eine Konventionalstrafe kann aber nicht schon deshalb als übermässig bezeichnet werden, weil sie den Betrag übersteigt, den der Gläubiger als Schadenersatz wegen Nichterfüllung beanspruchen kann; denn in diesem Fall würde die Strafe ihren Sinn verlieren[684]. Was nun aber als zulässige Höhe der Konventionalstrafe zu gelten hat, ist an sich dem Ermessen des Richters überlassen. Entscheidend sind jedenfalls die wirtschaftlichen Verhältnisse des Arbeitnehmers im Zeitpunkt der Übertretung. In Anlehnung an die Art. 226i Abs. 2 OR und Art. 227h Abs. 3 OR können zehn Prozent des während der Verbotszeit hypothetisch erzielten Einkommens als angemessen betrachtet werden. Befindet sich der Arbeitgeber nebst diesem hypothetischen Einkommen in übermässig guten oder schlechten finanziellen Verhältnissen, so ist der Betrag entsprechend anzupassen. Ebenfalls zu berücksichtigen gilt es das Einkommen, das der Arbeitnehmer durch seine konkurrierende Tätigkeit erzielt[685]. Zu betonen ist nochmals, dass es sich dabei nur um den rein pönalen Teil der Konventionalstrafe handelt.

3. Anpassung an konkrete Verhältnisse

In einem dritten und letzten Schritt ist schliesslich die bisher ermittelte objektiv adäquate Konventionalstrafe dem Verschulden des Arbeitnehmers anzupassen. Die Anpassung erfasst die ganze Konventionalstrafe inklusive Schadenersatzteil, nicht bloss den Pönalteil. Dem Verschulden des Arbeitnehmers an der Verletzung des Verbots kommt entscheidende Bedeutung zu. Je klarer er das Verbot verletzt, um so eher rechtfertigt sich eine hohe Kon-

---

680 BGE 91 II 383.

681 Die Strafe ist nur (aber immerhin) so weit herabzusetzen, dass sie nicht mehr übermässig ist. Das Mass der Herabsetzung ergibt sich also aus dem Übermass der Strafe (vgl. Gauch/Schluep, N 3956).

682 BGE 95 II 532 ff., insbesondere S. 540; Bohny, S. 156.

683 BGE 103 II 108; vgl. auch Bohny, S. 157, wonach ein krass übersetzter Strafbetrag allenfalls eine anfängliche (Teil-)Nichtigkeit zur Folge haben kann.

684 BGE 103 II 109.

685 Vgl. ZivGer BS, BJM 1991, S. 87 f.

ventionalstrafe. Falsch hingegen ist die Annahme, dass nur ein besonders verwerfliches Verhalten eine Konventionalstrafe in voller Höhe[686] zur Folge haben kann. Denn wie gesagt, soll von der Vertragsfreiheit und entsprechend von der vereinbarten Konventionalstrafe nur dann abgewichen werden, wenn die Verurteilung in die volle Summe unbillig erscheint.

Unter dem Aspekt des Verschuldens gilt es verschiedene Elemente zu berücksichtigen. Von zentraler Bedeutung ist, ob der Arbeitnehmer davon ausgehen musste, dass das Verbot in seiner ursprünglichen Form zu beachten war oder nicht. Hatte er nämlich Anhaltspunkte dafür, dass der Arbeitgeber sein berechtigtes Interesse an der Aufrechterhaltung des Verbots verloren hat[687] oder dass das Verbot überhaupt nicht gültig vereinbart worden ist, so trifft ihn an der Übertretung ein reduziertes Verschulden. Ebenso wirkt sich schuldmindernd aus, wenn ein Arbeitnehmer trotz intensiver Suche keine nicht konkurrierende Arbeit finden kann und durch die erwerbslose Situation in seiner Existenz bedroht ist[688]. Grundsätzlich nicht zu berücksichtigen sind jedoch die Umstände, die zur Auflösung des Arbeitsverhältnisses geführt haben, soweit sie keinen direkten Zusammenhang mit der nachträglich konkurrierenden Tätigkeit haben[689]. Ausnahmsweise können diese Gründe aber dann eine Rolle spielen, wenn der Arbeitnehmer aufgrund seiner Einschätzung vom Wegfall des Verbots ausgehen durfte. Trifft den Arbeitnehmer nämlich ein Mitverschulden an der Auflösung des Arbeitsverhältnisses, das mindestens so schwer wiegt wie das des Arbeitgebers, dann bleibt das Konkurrenzverbot grundsätzlich bestehen[690]. Die Ungewissheit über Bestand oder Nichtbestand des Verbots ist bei entsprechenden Anhaltspunkten aber schuldmindernd zu berücksichtigen und die Sanktion entsprechend zu reduzieren[691].

Verletzt der Arbeitnehmer ein in örtlicher, zeitlicher oder sachlicher Hinsicht zu weit gefasstes Konkurrenzverbot, so stellt sich die Frage nach den

---

686 Die bestimmte objektiv gerechtfertigte Konventionalstrafe.

687 Das war in AppGer BS, BJM 1996, S. 22, aber gerade nicht der Fall, da die Arbeitnehmerin die Arbeitgeberin vergeblich um einen Verzicht auf das Konkurrenzverbot ersucht hatte.

688 So auch AppGer BS, BJM 1996, S. 22, wo eine Arbeitnehmerin durch das Arbeitsamt zur Annahme einer Stelle gedrängt wurde.

689 Häfliger, S. 72 f.; Bohny, S. 156; BK-Rehbinder, Art. 340b OR N 8.

690 BGer, JAR 1981, S. 68 ff.; Häfliger, S. 94 f.; BK-Rehbinder, Art. 340c OR N 3; Streiff/von Kaenel, Art. 340c OR N 4.

691 Vgl. BGer, JAR 1981, S. 69 f.; Streiff/von Kaenel, Art. 340c OR N 4; BK-Rehbinder, Art. 340c OR N 3; Bohny, S. 143.

damit verbundenen Auswirkungen auf die Konventionalstrafe[692]. Muss das Konkurrenzverbot reduziert werden, so kann darin ein Indiz für die Übermässigkeit der Konventionalstrafe gesehen werden. Dies ergibt sich grundsätzlich daraus, dass die Parteien bei der Vereinbarung des Konkurrenzverbots die Konventionalstrafe und das Verbot aufeinander abgestimmt haben[693]. Muss nun das Verbot eingeschränkt werden, so liegt es im Prinzip nahe, auch die damit verbundene Strafe zu reduzieren. Denkbar sind aber auch Fälle übersetzter Konkurrenzverbote, verbunden mit adäquaten oder sogar relativ tiefen Konventionalstrafen. In diesen Fällen ist von einer automatischen Herabsetzung abzusehen. Ob nun im Einzelfall die objektiv gerechtfertigte Konventionalstrafe herabzusetzen ist oder nicht, kann sich demnach nur nach den allgemeinen Kriterien beurteilen und soll nicht allein von einer Beschränkung des Verbots abhängig gemacht werden[694]. Bei den allgemeinen Kriterien fällt die Reduktion des Konkurrenzverbots aber insofern ins Gewicht, als den Arbeitnehmer an der Übertretung eines übersetzten Verbots ein reduziertes Verschulden trifft. Je klarer ein Konkurrenzverbot übersetzt ist, den Arbeitnehmer also ungerechtfertigterweise in seiner wirtschaftlichen Entfaltungsfreiheit einschränkt, und je weniger deutlich sich der Arbeitnehmer darüber hinweggesetzt[695], desto weniger wiegt sein Verschulden an dessen Übertretung. Dabei gilt es besonders auch eine Karenzentschädigung zu berücksichtigen. Erhält der Arbeitnehmer nämlich eine Karenzentschädigung, so darf das Verbot an sich bereits weiter gefasst sein als ohne[696]. Zudem ist es dem Arbeitnehmer dank einer angemessenen Karenzentschädigung eher zuzumuten, den Fristablauf des Verbots abzuwarten, als wenn er während dieser Zeit überhaupt keine Einnahmequelle hätte. Übertritt der Arbeitnehmer das Verbot dennoch, so muss der Arbeitgeber die Karenzentschädigung nicht weiter entrichten bzw. der Arbeitnehmer die ungerechtfertigt bezogenen Entschädigungen zurückerstatten. Zurückzuerstatten sind nur diejenigen Beträge, die während der konkurrierenden Tätigkeit des Arbeitnehmers entrichtet worden sind[697]. Der Arbeitgeber muss sich aber eine daraus resultierende Ersparnis grundsätzlich an-

---

692 Beispielsweise reduzierte das OGer ZH die Konventionalstrafe, weil sich die eigentlich vorgesehene Dauer des Verbots durch eine Kündigung aus begründetem Anlass verkürzte (OGer ZH, JAR 1998, S. 260).

693 Vgl. auch Streiff/von Kaenel, Art. 340b OR N 5.

694 Ebenso Brühwiler, Art. 340b OR N 3; anders Streiff/von Kaenel, Art. 340b OR N 5; Kuhn, S. 84; Bohny, S. 156.

695 Ist der Arbeitnehmer beispielsweise unsicher, ob sein neuer Arbeitgeber wirklich ein Konkurrenzbetrieb ist, so ist eine Konventionalstrafe zu reduzieren (AGer ZH, 11.4.1994).

696 AppGer GE, JAR 1988, S. 362.

697 Bohny, S. 153.

rechnen lassen[698]. Ebenfalls unter dem Gesichtspunkt des Verschuldens ist zu berücksichtigen, ob es sich bei den beteiligten Parteien um erfahrene Geschäftsleute handelt oder um Neulinge[699]. Erfahrene Geschäftsleute sind in der Regel weniger vor übersetzten Konventionalstrafen zu schützen als unerfahrene. Schliesslich kann sogar die persönliche Glaubwürdigkeit des Arbeitnehmers für die Reduktion des Verschuldens relevant sein; so beispielsweise, wenn der Arbeitnehmer mit der Vertretung eines Produktes, das er während Jahren betreut hatte, zum Konkurrenzunternehmen wechselt[700].

III. Prozessuale Aspekte

Prozessual wird ein Herabsetzungsbegehren des Arbeitnehmers verlangt, wobei dieses nicht ausdrücklich zu erfolgen hat, sondern in weitgefassten Rechtsbegehren vermutungsweise enthalten ist[701]. Eine Herabsetzung ist erst nach der Verletzung der Hauptpflicht möglich, da sich die Angemessenheit erst in diesem Zeitpunkt beurteilen lässt. Deshalb ist eine Feststellungsklage ausgeschlossen[702]. Die tatsächlichen Voraussetzungen der Herabsetzung sind vom Arbeitnehmer zu behaupten und zu beweisen[703]. Ist die Konventionalstrafe bereits entrichtet worden und stellt sich die Übermässigkeit erst nachher heraus, so kann sie nur noch über die allgemeinen Bestimmungen der ungerechtfertigten Bereicherung zurückverlangt werden[704]. Der Arbeitnehmer muss also beweisen, dass er erst nachträglich vom Herabsetzungsgrund Kenntnis erhalten, sich demnach über die Schuldpflicht im Irrtum

---

698 Das AGer ZH setzte in einem Entscheid die Konventionalstrafe um 20 Prozent herab, weil der Arbeitgeber die Karenzentschädigung nicht bezahlen musste. Der Arbeitnehmer hatte gegen ein gültiges Konkurrenzverbot verstossen, weshalb die vereinbarte Karenzentschädigung nicht mehr zu bezahlen war. Diese Ersparnis des Arbeitgebers war bei der Bemessung der Konventionalstrafe zu berücksichtigen. Eine Herabsetzung um genau diese Ersparnis (im Verhältnis eins zu eins) sei jedoch abzulehnen (AGer ZH, 11.12.1996; bestätigt durch OGer ZH). Ebenso entschied das AGer ZH am 22.5.1990. Das Konkurrenzverbot enthielt hier eine Konventionalstrafe von ca. elf Monatslöhnen und eine Karenzentschädigung, die bei Verletzung des Konkurrenzverbots entfallen sollte. Aus letzterem Grund war eine Reduktion auf fünf Monatslöhne vorzunehmen.

699 Vgl. dazu BGE 95 II 539; BGE 102 II 426.

700 Kuhn, S. 85.

701 BGE 109 II 121 f.; nach BK-Rehbinder, Art. 340b OR N 8, muss der Richter im Falle eines Rechtsstreites auch ohne formellen Herabsetzungsantrag eine Ermässigung vornehmen, wenn der Arbeitnehmer sich gegen die Vertragsstrafe wehrt. Schaub, S. 435.

702 BGE 69 II 79.

703 BGE 114 II 265, 109 II 122, 103 II 109.

704 Bohny, S. 158. Zu den unterschiedlichen Meinungen vgl. Pflüger, S. 61.

befunden hat[705]. Für die Beurteilung der Übermässigkeit ist allerdings in Betracht zu ziehen, dass der Arbeitnehmer immerhin wirtschaftlich in der Lage war, die Strafe zu bezahlen.

Schliesslich seien noch einige Beispiele angefügt: Ein Arbeitnehmer wurde fristlos entlassen, nachdem er einen Monat der Arbeit ferngeblieben und offensichtlich konkurrierend tätig war. Eine Konventionalstrafe von eineinhalb Monatslöhnen (Fr. 18'000.– anstelle von Fr. 100'000.– für jede Übertretung) wurde als nicht übermässig erachtet[706]. Ebenso wurde die Konventionalstrafe für einen Arbeitnehmer reduziert, der ein Einkommen von Fr. 120'000.– pro Jahr erzielte und siebeneinhalb Monate beim ehemaligen Arbeitgeber tätig war. Ein Schaden durch Abwerbung ist nicht entstanden, und der Arbeitnehmer bezog Arbeitslosenversicherungsgelder. Zudem war er unsicher, ob sein neuer Arbeitgeber wirklich ein Konkurrenzbetrieb war. Eine Konventionalstrafe von Fr. 100'000.– war daher auf Fr. 20'000.– zu reduzieren[707]. Und schliesslich wurde die Konventionalstrafe für eine konkurrierende Personalberaterin und Filialleiterin auf fünf Monatslöhne festgesetzt[708].

§ 19 Realexekution

Letzte und schärfste Massnahme im Katalog von Art. 340b OR ist die Realexekution. Verletzt der Schuldner im allgemeinen Vertragsrecht eine Unterlassungspflicht, so kann der Gläubiger nach Art. 98 Abs. 3 OR nebst Schadenersatz die Beseitigung des vertragswidrigen Zustandes verlangen[709]. Wegen der im Arbeitsrecht bestehenden besonderen Interessenlage, insbesondere des Schutzes des Arbeitnehmers vor Verlust seiner neuen Erwerbstätigkeit, stellt Art. 340b Abs. 3 OR als lex specialis strengere Anforderungen an die Zulässigkeit des Erfüllungsanspruchs[710].

---

705 Art. 63 Abs. 1 OR; Häfliger, S. 71; Bohny, S. 158.

706 AGer ZH, 28.9.1999.

707 AGer ZH, 11.4.1994.

708 AGer ZH, 22.4.1997 (vom OGer aber um einen Viertel reduziert).

709 Ist zudem eine Vertragsstrafe verabredet, so kann der Gläubiger entweder die Konventionalstrafe oder die Erfüllung des Vertrages verlangen (Art. 160 Abs. 1 OR; BK-Rehbinder, Art. 340b OR N 10).

710 BK-Rehbinder, Art. 340b OR N 10; Bohny, S. 159 f.

A. *Voraussetzungen des Beseitigungsanspruchs*

I. Im allgemeinen und formelle Voraussetzung

Nach Art. 340b Abs. 3 OR kann nur derjenige Arbeitgeber die Realexekution verlangen, welcher sich diese besonders, d.h. ausdrücklich[711] und schriftlich vorbehalten hat (formelle Voraussetzung) und wenn sie durch „die verletzten oder bedrohten Interessen des Arbeitgebers und das Verhalten des Arbeitnehmers" gerechtfertigt ist (materielle Voraussetzung). Der Gesetzgeber macht damit klar, dass er die Realexekution grundsätzlich nur in Ausnahmefällen gewähren will[712]. Umstritten ist, ob ein Beseitigungsanspruch nur in Verbindung mit einer Konventionalstrafe bestehen kann[713]. Begründet wird die Abhängigkeit des Beseitigungsanspruchs insbesondere mit der Entstehungsgeschichte und damit, dass das Gesetz von einer Stufenordnung der Übertretungsfolgen ausgehe und für jede dieser Stufen eine neue Hürde aufstelle[714]. Die wohl überwiegende Meinung vertritt aber den Gegenstandpunkt und begründet diesen unter anderem damit, dass sich für die Abhängigkeit kein Anhaltspunkt im Gesetzestext finden lasse[715], die Stellung des Arbeitnehmers durch den Wegfall der Konventionalstrafe nicht erschwert werde und ihn die Konventionalstrafe im Fall seiner Zahlungsunfähigkeit unberührt lasse[716]. In der Praxis ist die Frage angesichts der verbreiteten Vereinbarung von Konventionalstrafen, insbesondere wenn die Realexekution vorgesehen wird,

---

711 Häfliger, S. 75, mit Hinweis auf den nicht publizierten BGE vom 10.5.1972; der französische Text verwendet die klarere Bezeichnung „expressément"; vgl. BK-Rehbinder, Art. 340b OR N 10; Vischer, S. 195. Nach wohl einhelliger Meinung reicht die verbreitete Formulierung, wonach die Bezahlung der Vertragsstrafe nicht von der Einhaltung des Verbots entbinde, hierfür nicht aus (vgl. statt vieler BK-Rehbinder, Art. 340b OR N 11; so zuletzt auch BezGer Visp, RVJ 1997, S. 278; a.A. Häfliger, S. 75 Anm. 260).

712 Häfliger, S. 76; Bohny, S. 161; BK-Rehbinder, Art. 340b OR N 11; Streiff/von Kaenel, Art. 340b OR N 8; OGer LU, JAR 1992, S. 289; sinngemäss auch ZK-Staehelin, Art. 340b OR N 13.

713 Dafür Schiesser, S. 254 ferner ders. S. 280 ff., zur Botschaft, S. 401; BK-Rehbinder, Art. 340b OR N 11; Bohny, S. 160; anders Häfliger, S. 63; Kuhn, S. 90 und 99; ZK-Staehelin, Art. 340b OR N 14; Vischer, S. 195; OGer ZH, ZR 76 (1977), S. 31 ff.; ZBJV 96, S. 54 f.; BezGer Bülach, JAR 1997, S. 231; offengelassen von Streiff/von Kaenel, Art. 340b OR N 8 a.E.

714 So BK-Rehbinder, Art. 340b OR N 11.

715 Vischer, S. 195.

716 ZK-Staehelin, Art. 340b OR N 14.

nur von geringer Bedeutung[717]. Anhaltspunkt für das Erfordernis einer Konventionalstrafe ist immerhin, dass der Gesetzgeber die Realexekution erst als letzte Möglichkeit[718] zur Verfügung stellen will und der Richter zur Beurteilung der Begründetheit eines solchen Begehrens unter anderem auch die Erfolgschance einer Schadenersatzklage bzw. einer Konventionalstrafe mit einbeziehen muss. Deshalb muss nach der hier vertretenen Auffassung eine Konventionalstrafe vereinbart werden. Nicht etwa erforderlich ist aber nach dieser Meinung, dass der Gläubiger zuerst die Konventionalstrafe erfolglos geltend machen müsste, um ein Begehren um Realexekution stellen zu können[719]. Wird aber entgegen der hier vertretenen Meinung auf das Erfordernis einer Konventionalstrafe im Sinne eines wirksamen und möglichst wenig formalistischen Rechtsschutzes[720] verzichtet, so müssen jedenfalls die übrigen Bedingungen von Art. 340b Abs. 3 OR besonders beachtet werden.

II. Materielle Voraussetzung

In materieller Hinsicht müssen die verletzten oder bedrohten Interessen des Arbeitgebers und das Verhalten des Arbeitnehmers die Beseitigung der Konkurrenztätigkeit rechtfertigen[721]. Vorausgesetzt ist hierfür einerseits eine Gefährdung oder Verletzung erheblicher (wirtschaftlicher) Interessen des Arbeitgebers[722] und andererseits ein besonders treuwidriges Verhalten des Arbeitnehmers[723]. Gesamthaft setzt Art. 340b Abs. 3 OR einen Sachverhalt voraus, der es als offensichtlich unbillig erscheinen liesse, den Arbeitgeber auf den Weg des Schadenersatzes zu verweisen[724].

---

717 Bohny, S. 160; vgl. aber BezGer Bülach, JAR 1997, S. 231.

718 Im Sinne der erwähnten Stufenfolge der Massnahmen (vgl. BK-Rehbinder, Art. 340b OR N 11).

719 Dies nimmt ZK-Staehelin, Art. 340b OR N 14, fälschlicherweise an. So wohl auch GewV, Art. 340b OR N 11.

720 So das BezGer Bülach, JAR 1997, S. 231.

721 Art. 340b Abs. 3 OR.

722 Daran sind hier höhere Anforderungen zu stellen als bei Art. 340 Abs. 2 OR und 340c Abs. 1 OR; vgl. Häfliger, S. 76; Bohny, S. 160 Anm. 117.

723 Häfliger, S. 77; Bohny, S. 160 f.; ZK-Staehelin, Art. 340b OR N 16; BK-Rehbinder, Art. 340b OR N 11.

724 BGE 103 II 126; Vischer, S. 195; BGer, JAR 1997, S. 227; AppGer BE, JAR 1996, S. 323 ff.; ebenso Brühwiler, Art. 340b OR N 4b; Bohny, S. 161; BK-Rehbinder, Art. 340b OR N 11; wohl auch Streiff/von Kaenel, Art. 340b OR N 8.

1. Das Interesse des Arbeitgebers

Das Interesse des Arbeitgebers an der Durchsetzung des Konkurrenzverbots muss besonders gross sein, da bereits die Verbindlichkeit des Verbots an sich ein erhebliches Interesse voraussetzt[725]. In der Regel kann das erhebliche Interesse dem hypothetischen Schaden gleichgesetzt werden, ausser es seien ausnahmsweise besondere immaterielle Interessen zu berücksichtigen[726]. Jedenfalls muss die Gefahr einer erheblichen Schädigung deutlich grösser sein als die vereinbarte Konventionalstrafe[727]. Schaffen bereits Konventionalstrafe und allfälliger weiterer Schadenersatz angemessenen Ausgleich, so kommt die Realexekution nicht in Betracht[728]. Zudem darf der mögliche Schaden dem Arbeitgeber nicht leicht wieder zu ersetzen sein. Entsprechend ist auch die Zahlungsfähigkeit der verpflichteten Person zu berücksichtigen, wobei deren mangelnde Leistungsfähigkeit allein für das Interesse des Arbeitgebers nicht schon ausreicht[729]. Ganz allgemein kann gesagt werden, dass das Interesse an der Realexekution abnimmt, je länger der Arbeitgeber mit der Durchsetzung des Verbots zuwartet[730], bzw. je kürzer die Restdauer des Wettbewerbsverbots ist[731]. Unklar ist aber, ob die zu erwartende Schädigung so gross sein muss, dass die Existenz des Betriebes als gefährdet erscheint[732]. Dies ist wohl abzulehnen, ansonsten eine Realerfüllung zugunsten von Grossunternehmen ausge-

---

725 Vgl. Art. 340 Abs. 2 OR; Häfliger, S. 76; BK-Rehbinder, Art. 340 OR N 11.

726 Nicht notwendig ist hingegen, dass der Arbeitgeber auch eine drastische immaterielle Einbusse erleidet (so aber Bohny, S. 163 bei Anm. 144). Wiegt die potentielle immaterielle Beeinträchtigung ausnahmsweise besonders schwer, so kann das Interesse des Arbeitgebers auch bei relativ geringer materieller Schädigung ausreichend gross sein.

727 OGer ZH, in: Kuhn, S. 92 ff.; OGer ZH, JAR 1981, S. 180; Häfliger, S. 76; BK-Rehbinder, Art. 340 OR N 11; Bohny, S. 162.

728 AppGer BS, BJM 1990, S. 90 ff.

729 Vgl. auch Bohny, S. 162.

730 Nach Brühwiler, Art. 340b OR N 4b, ist aber zu berücksichtigen, das ein gewisses Zuwarten dem Arbeitgeber in der Praxis dazu dient, die erhebliche Schädigungsmöglichkeit im konkreten Fall abzuschätzen und Beweise dafür zu sammeln. In diesem Sinne auch BezGer Bülach, JAR 1997, S. 234, betreffend vorsorgliche Massnahmen.

731 Häfliger, S. 76; AppGer BS, JAR 1991, S. 300; OGer ZH, JAR 1987, S. 283; AGer GE, JAR 1988, S. 365; BK-Rehbinder, Art. 340 OR N 11; Brühwiler, Art. 340b OR N 4b.

732 Ablehnend BGE 103 II 126; AppGer BE, JAR 1996, S. 325; OGer LU, JAR 1992, S. 289; OGer ZH, JAR 1987, S. 283; AppGer BE, JAR 1983, S. 199; Brühwiler, Art. 340b OR N 4b; BK-Rehbinder, Art. 340b OR N 11; ZK-Staehelin, Art. 340b OR N 17; anders Häfliger, S. 76; OGer OW, JAR 1993, S. 237. Vgl. auch Streiff/von Kaenel, Art. 340b OR N 8.

schlossen wäre[733]. Die Schädigungsmöglichkeit ist nämlich nicht bloss relativ zu beziffern, sondern auch absolut[734]; oder es ist bei Grossbetrieben jeweils nur auf die von der Konkurrenztätigkeit tatsächlich betroffene Sparte des Unternehmens abzustellen[735].

2. Besonders treuwidriges Verhalten des Arbeitnehmers

Zur erheblichen Schädigungsgefahr muss kumulativ ein besonders treuwidriges Verhalten des Arbeitnehmers hinzukommen[736]. Dieses kann in der Art der Vertragsauflösung, der Konkurrenztätigkeit oder in besonderen Umständen liegen[737], doch reicht der Verstoss gegen das Konkurrenzverbot allein noch nicht aus[738]. Verlangt ist vielmehr ein Verhalten, das in besonders schwerwiegender Weise gegen den Grundsatz von Treu und Glauben verstösst[739]. Dazu zählt nach herrschender Lehre und Rechtsprechung etwa eine Vereinbarung, wonach sich der Arbeitnehmer die Konventionalstrafe vom neuen Arbeitgeber bezahlen lässt[740], oder ganz allgemein ein Verhalten des Arbeitnehmers, das jegliche Bereitschaft, sich an das vereinbarte Verbot zu halten, vermissen lässt[741]. Weiter kommen in Betracht das Abwerben von Kunden mit falschen Behauptungen[742], das Verwenden von Material (z.B. Bestellunterlagen) des früheren Arbeitgebers[743], besonders treuloses Verhalten vor oder bei der Auflösung des Arbeitsverhältnisses[744], das Verlegen des Arbeitsortes ins grenznahe Ausland bei Weiterführung der effektiven Tätigkeit

---

733 AppGer BE, JAR 1996, S. 325; BGer, JAR 1982, S. 227; BK-Rehbinder, Art. 340 OR N 11; Brühwiler, Art. 340 OR N 4b; anders OGer ZH, in: Kuhn, S. 95; vgl. auch oben Anm. 216.

734 Vgl. zu dieser Problematik auch oben S. 33 ff.

735 Vgl. Bohny, S. 161, mit Hinweis auf BGE vom 12.5.1981, zit. in: JT 1982 I 170 (= Pra 70 [1981], S. 706).

736 BK-Rehbinder, Art. 340b OR N 11; Bohny, S. 162; Brühwiler, Art. 340b OR N 4c. Häfliger, S. 76 f., will an die Interessen des Arbeitgebers weniger hohe Anforderungen stellen, wenn das Verhalten des Arbeitnehmers besonders ins Gewicht fällt.

737 BGer, JAR 1997, S. 226.

738 Häfliger, S. 77; OGer ZH, JAR 1987, S. 281; BK-Rehbinder, Art. 340b OR N 11; Bohny, S. 162.

739 Häfliger, S. 77; AppGer BS, JAR 1991, S. 300 ff.

740 BK-Rehbinder, Art. 340b OR N 11; Brühwiler, Art. 340b OR N 4c; a.A. Bohny, S. 162.

741 BGer, JAR 1997, S. 227.

742 Häfliger, S. 77; BK-Rehbinder, Art. 340b OR N 11.

743 Häfliger, S. 77.

744 BGE 103 II 124; BK-Rehbinder, Art. 340b OR N 11; Kritik bei Bohny, S. 163.

im früheren Gebiet[745], oder wenn der Arbeitnehmer in anderer Weise aus seinem Einblick in den früheren Arbeitgeberbetrieb grosses Kapital zu schlagen versucht[746]. Ebenfalls als besondere Treuwidrigkeit ist das systematische Abwerben von Kunden des ehemaligen Arbeitgebers zu qualifizieren, nicht jedoch bloss der vereinzelte Versuch einer Abwerbung[747]. Schliesslich kann sich die Kumulation einzelner an sich nicht besonders treuwidriger Handlungen als besonders treuwidriges Verhalten erweisen. So wurde das Vorbereiten eines Konkurrenzunternehmens, das Vorgehen zusammen mit einem anderen ehemaligen Arbeitnehmer und das Abwerben von Kunden in Verbindung mit einer konkurrierenden Tätigkeit am früheren Arbeitsort gesamthaft als besonders treuwidriges Verhalten qualifiziert[748].

B. Prozessuale Durchsetzung

Der Anspruch des Arbeitgebers auf Realerfüllung des Konkurrenzverbots enthält sowohl einen Beseitigungs- als auch einen Unterlassungsanspruch[749]. Diesen Anspruch kann der Arbeitgeber grundsätzlich im Rahmen des ordentlichen Verfahrens, des Verfahrens zur schnellen Handhabung klaren Rechts[750] und unter besonderen Voraussetzungen im Verfahren des einstweiligen Rechtsschutzes[751] durchsetzen. Der Arbeitgeber wird aber meist auf den Weg der vorsorglichen Massnahmen verwiesen sein, weil ihm der Erfüllungsanspruch nur dann etwas nützt, wenn er ihn möglichst schnell durchsetzen kann. Ein rechtskräftiges Urteil in einem ordentlichen Prozess liegt ja in der Regel erst vor, wenn die Verbindlichkeit des Konkurrenzverbots nicht mehr

---

745 OGer ZH, JAR 1987, S. 281 ff.; Streiff/von Kaenel, Art. 340 OR N 8.

746 Häfliger, S. 77; Brühwiler, Art. 340b OR N 4c. So beispielsweise, wenn die Arbeitnehmerin versucht, durch Mailings gezielt Kunden des alten Arbeitgebers abzuwerben. Vier von fünf ehemaligen Arbeitnehmern verliessen den alten Arbeitgeber und arbeiteten beim gleichen neuen Arbeitgeber (AGer ZH, 11.5.1997, und AGer ZH, 11.5.1997; Realexekution bejaht).

747 Vgl. zu letzterem BGer, JAR 1997, S. 227.

748 BGer, JAR 1997, S. 226 f. (Bestätigung des Urteils des AppGer BE, JAR 1996, S. 323 ff.). Im Resultat ebenso AGer ZH, 11.5.1997.

749 Häfliger, S. 77.

750 Nicht alle Kantone kennen dieses Verfahren (so aber § 222 Ziff. 2 ZPO ZH). Es ist allerdings fraglich, ob ein solches Verfahren im Rahmen des Konkurrenzverbots überhaupt zur Anwendung gelangen kann, da es ja meist an liquiden Verhältnissen mangelt (ebenso AppGer SG, SGGVP 1985, S. 61, wonach in der 40jährigen Praxis des Gerichtes keinem einzigen Begehren stattgegeben wurde).

751 Vor bzw. nach Anhängigmachen des Hauptprozesses (§ 110 bzw. 222 ZPO ZH)

besteht[752]. Deshalb muss sich der Arbeitgeber möglichst bald Rechtsschutz verschaffen. Dem Interesse des Arbeitgebers an einer möglichst raschen Durchsetzung des Erfüllungsanspruchs stehen aber gewichtige Interessen des Arbeitnehmers entgegen. Wird der Arbeitnehmer zur Aufgabe seiner Erwerbstätigkeit gezwungen, so schränkt ihn das nicht nur erheblich ein, sondern er kann allenfalls auch finanziell massiv geschädigt werden, wenn sich der behauptete Anspruch später als nicht gerechtfertigt herausstellt. Der Entscheidung über die vorsorglichen Massnahmen kommt also besondere Bedeutung zu, denn im einen wie im anderen Fall kann sie zu einem unbilligen Resultat führen. Welchen Interessen der Vorzug zu gewähren ist, d.h., welcher Zustand als rechtsgemäss präsumiert wird, kann nicht allgemein gesagt werden, sondern ist das Resultat einer *umfassenden Interessenabwägung* und der einzelnen Voraussetzungen vorsorglicher Massnahmen[753]. Ob sich die Voraussetzungen der vorsorglichen Massnahmen nach kantonalem Recht[754] oder nach Bundesrecht[755] richten, kann hier dahingestellt bleiben[756]. Sicher ist jedenfalls, dass die erhöhten Anforderungen des materiellen Bundesrechts nicht auf dem Wege des kantonalen Prozessrechts verwässert werden dürfen[757]. Die prozessualen Voraussetzungen vorsorglicher Massnahmen sind in den kantonalen Prozessordnungen unterschiedlich umschrieben[758]. In der Regel muss der Arbeitgeber aber glaubhaft machen[759], dass ihm ein nicht leicht wiedergutzumachender Nachteil droht[760], wenn das Gericht keine geeigneten vorsorglichen Massnahmen erlässt[761].

---

752 Vgl. statt vieler BK-Rehbinder, Art. 340b OR N 12.

753 Gloor, S. 25; Bohny, S. 165.

754 So BGE 103 II 123 f., 97 II 185 ff.; AGer NE, JAR 1992, S. 293; OGer SO, JAR 1981, S. 179; BK-Rehbinder, Art. 340b OR N 12; ZK-Staehelin, Art. 340b OR N 19.

755 Guldener, S. 577; Vogel, § 61 N 205 f.; Vogel, SJZ 1980, S. 99; Walder, § 32 Rz. 13 f.; Häfliger, S. 87; zur bundesrechtlichen Natur eines „minimalen Umfanges" des einstweiligen Rechtsschutzes vgl. Meier, S. 269.

756 Vgl. zum Ganzen auch Sträuli/Messmer, § 110 N 2 ff.

757 Guldener, S. 576; Gloor, S. 103; Bohny, S. 165; Brühwiler, Art. 340b OR N 5.

758 Vogel, § 45 N 208.

759 Siehe dazu unten S. 123 f.

760 Siehe dazu unten S. 123 f.

761 Siehe dazu unten S. 126 f.; vgl. auch Vogel, § 61 N 209 ff.

I. Glaubhaftmachen

Da vor der Einleitung oder im Anfangsstadium des Prozesses kein strikter Beweis erbracht werden kann, muss der Gesuchsteller dem Richter die Tatsachen, die den Erlass vorsorglicher Massnahmen rechtfertigen, lediglich glaubhaft machen[762]. Glaubhaft gemacht ist eine Behauptung grundsätzlich dann, wenn der Richter von ihrer Wahrheit zwar nicht völlig überzeugt ist, sie aber überwiegend für wahr hält, obwohl nicht alle Zweifel beseitigt sind[763]. Wegen der meist besonders einschneidenden Wirkung vorsorglicher Massnahmen bei der Realexekution von Konkurrenzverboten müssen nach einhelliger Meinung erhöhte Anforderungen an die Glaubhaftmachung gestellt werden[764]. Der Verfahrensgrundsatz der Glaubhaftmachung gilt immer für beide Parteien, also sowohl für die Begründung des Begehrens als auch für die Einwände, die die Gegenpartei vorbringt[765].

II. Nicht leicht wiedergutzumachender Nachteil

Der Gesuchsteller muss also bloss (aber immerhin) glaubhaft machen, dass ihm ohne geeignete Massnahmen ein nicht leicht wiedergutzumachender Nachteil droht. Dieser beurteilt sich einerseits aufgrund der sogenannten Hauptsachenprognose – einer Prognose über den Ausgang des ordentlichen Prozesses – und andererseits aus einem Vergleich der den Parteien je nach Entscheid potentiell erwachsenden Nachteile, der sogenannten Nachteilsprognose. Die vorsorglichen Massnahmen dürfen nur dann gewährt werden, wenn sich aufgrund der glaubhaft gemachten Tatsachen und einer *umfassenden Interessenabwägung* ergibt, dass das Hauptbegehren des Arbeitgebers wahrscheinlich begründet ist und dessen hypothetische Nachteile bei Verweigerung diejenigen des Arbeitnehmers bei Erlass der Massnahmen übertreffen. Sind die Voraussetzungen eines Anspruchs nur glaubhaft zu machen, so bleibt immer die Gefahr, dass der Richter des Hauptverfahrens letztlich doch noch zu

---

762 Vogel, § 12 N 212; Sträuli/Messmer, § 110 N 16.

763 BGE 88 I 14; Vogel, § 10 N 26.

764 BezGer Bülach, JAR 1997, S. 233 f.; OGer OW, JAR 1993, S. 237; OGer ZH, JAR 1981, S. 183; Gloor, S. 50; Hasenböhler, S. 15, 20; BK-Rehbinder, Art. 340b OR N 12; Brühwiler, Art. 340b OR N 5; Bohny, S. 167; ZK-Staehelin, Art. 340b OR N 19; Streiff/von Kaenel, Art. 340b OR N 9, verlangen ein Teilbeweisverfahren, was aber zu weit geht und wenig praktikabel ist.

765 BGE 103 II 287; Sträuli/Messmer, § 110 N 16; Hasenböhler, S. 34; Bohny, S. 167.

einem abweichenden Resultat kommt. Diese Unsicherheit wirkt sich gerade hier, wo eine vorläufige Vollstreckung behaupteter Ansprüche während der Prozessdauer angeordnet wird, besonders nachteilig aus. Deshalb gilt: Je einschneidender eine vorsorgliche Massnahme den Beklagten treffen kann, desto höhere Anforderungen sind an die Begründetheit des Begehrens in *tatsächlicher und rechtlicher* Hinsicht zu stellen[766]. Erhöhte Anforderungen sind also nicht nur an das Glaubhaftmachen im Sinne der Beweisstrenge, sondern an sämtliche Voraussetzungen, insbesondere auch die Hauptsachen- und Nachteilsprognose, zu stellen.

1. Hauptsachenprognose

Entscheidend für den Erlass vorsorglicher Massnahmen ist, ob der Kläger im ordentlichen Verfahren Aussicht auf Erfolg hat. Da hier die Gutheissung des Begehrens eine vorläufige Vollstreckung des behaupteten Anspruchs auf Konkurrenzenthaltung bedeutet, sind an die Erfolgsaussichten der Klage ganz allgemein erhöhte Anforderungen zu stellen[767]. Je höher die Wahrscheinlichkeit ist, dass der Kläger in diesem Verfahren obsiegen wird, um so eher rechtfertigen sich vorsorgliche Massnahmen. Wegen der hier besonders sensiblen Interessenlage soll der einstweilige Rechtsschutz nur dann gewährt werden, wenn das Hauptbegehren aufgrund der glaubhaft gemachten Tatsachen relativ klar als begründet erscheint. Hierbei sind *sämtliche* Voraussetzungen des Konkurrenzverbots und der Realexekution einzubeziehen, mithin auch, ob überhaupt ein Anspruch auf Konkurrenzenthaltung besteht. Erscheint der Anspruch des Gesuchstellers – auch wenn sämtliche vorgebrachten Tatsachen als richtig präsumiert werden – als nicht genügend aussichtsreich, so ist gegen das Begehren zu entscheiden. Allfällige Unsicherheiten können zum Teil auch mittels einer erhöhten Sicherheitsleistung ausgeglichen werden[768].

2. Nachteilsprognose

In der Nachteilsprognose sind die den Parteien drohenden Beeinträchtigungen abzuschätzen. Die Interessenabwägung hat jeweils unter Einbezug der Erfolgschancen des Hauptbegehrens stattzufinden. Denn je grösser die Nach-

---

766 BezGer Bülach, JAR 1997, S. 230.
767 Sträuli/Messmer, § 110 N 19.
768 Vgl. dazu sogleich im Text.

teile des Arbeitnehmers im Verhältnis zu denjenigen des Arbeitgebers sind, um so höher sind die Anforderungen an die Begründetheit der Hauptklage. Der Nachteil des Gesuchstellers liegt primär in der Gefahr, dass bei Rechtskraft des im ordentlichen Verfahren erstrittenen Urteils die Verbotsdauer in der Regel bereits abgelaufen ist, mithin sein Anspruch auf Realexekution hinfällig wird[769]. Dass dem Arbeitgeber für den Fall der Verweigerung vorsorglicher Massnahmen ein erheblicher Schaden entstehen könnte, muss sich aber schon aus der Hauptsachenprognose ergeben. Wäre dies nämlich nicht der Fall, so müsste das Begehren bereits mangels Erfolgschancen der Hauptklage abgewiesen werden. Entscheidend ist hier (also prozessual) nicht bloss der finanzielle Nachteil, sondern auch oder insbesondere der Nachteil durch Zeitablauf[770]. Weiter ist auch ein drohender immaterieller Schaden bei nicht leichter Ersetzbarkeit oder ein schwer beweisbarer Schaden zu berücksichtigen[771]. Die Gefahr für den Arbeitnehmer liegt in der Regel darin, dass er die neue Erwerbstätigkeit für die Dauer des Verbots aufgeben muss[772], was normalerweise einem erheblichen Eingriff in seine Betätigungsfreiheit gleichkommt. Ziffernmässig kann der potentielle Schaden des Arbeitnehmers aber nicht bloss dem entgangenen Lohn gleichgesetzt werden, denn auch hier sind zusätzlich nichtfinanzielle Beeinträchtigungen mit einzubeziehen. Die Erschwerung des wirtschaftlichen Fortkommens umfasst ja auch immaterielle Nachteile, sei es beispielsweise nur die entgangene Berufserfahrung.

Die so ermittelten Interessen sind sorgfältig gegeneinander abzuwägen, um danach die geeigneten Massnahmen zu treffen. Je einschneidender die Massnahmen den Arbeitnehmer treffen, um so eher müssen die Nachteile des Gesuchstellers überwiegen, bzw. um so erfolgversprechender muss das Hauptbegehren sein.

---

[769] AppGer BE, JAR 1996, S. 326; vgl. auch Vogel, § 61 N 197; Bohny, S. 165. Die Dringlichkeit des Begehrens ist also fast immer gegeben.

[770] Allerdings gilt es auch eine drohende Zahlungsunfähigkeit des Arbeitnehmers zu berücksichtigen (vgl. Sträuli/Messmer, § 110 N 17).

[771] Sträuli/Messmer, § 110 N 17; Nach ZGGVP 1985/86, S. 128, kann der nicht leicht wiedergutzumachende Nachteil auch darin bestehen, dass dem Arbeitgeber der Nachweis des Schadens im ordentlichen Verfahren erhebliche Schwierigkeiten bereitet.

[772] Vgl. auch BezGer Bülach, JAR 1996, S. 234.

III. Geeignete Massnahmen

Erkennt der Richter, dass vorsorgliche Massnahmen zu treffen sind, so stellt sich die Frage nach deren Art. Gemäss dem Grundsatz der Subsidiarität darf er immer nur die geringste zum Schutz der gefährdeten Güter notwendige Massnahme anordnen[773]. So darf er zum Beispiel nicht die Auflösung des neuen Arbeitsverhältnisses verlangen, wenn auch eine Beschäftigung ohne Konkurrierung möglich wäre[774], und er soll statt der Schliessung des eigenen Geschäfts nur das Unterlassen konkurrierender Tätigkeit anordnen[775]. Ebenso kann der Richter bloss das Einbringen der schützenswerten Kenntnis in den eigentlichen Konkurrenzbetrieb verbieten, wenn der Arbeitnehmer bei einer Firma tätig ist, die den Hauptkonkurrenten des bisherigen Arbeitgebers zwar wirtschaftlich kontrolliert, selbst aber nicht unmittelbar konkurrierend tätig ist[776]. Ob sich die Verfügung des Richters auch gegen Dritte richten kann, ist umstritten, wohl aber zu verneinen[777]. Dem Arbeitnehmer kann hingegen befohlen werden, das Arbeitsverhältnis beim neuen Arbeitgeber fristlos aufzulösen[778]. Allfällig daraus resultierender Schaden hat der Arbeitnehmer zu ersetzen[779]. Der Gesetzgeber hat darauf verzichtet, den Erlass vorsorglicher Massnahmen entsprechend Art. 28d Abs. 3 ZGB zwingend von einer Sicherheitsleistung abhängig zu machen. Zwar besteht in der Regel nach kantonalem Recht die Möglichkeit dazu, doch liegt der Entscheid meist im Ermessen des Richters[780]. Da die Interessen des Arbeitnehmers bei der vorsorglichen Vollstreckung von Unterlassungsansprüchen in besonderem Masse gefährdet sind, sollte regelmässig zu Lasten des Gesuchstellers eine Kautionsleistung verfügt

---

773 Sträuli/Messmer, § 110 N 26; Bohny, S. 167.

774 Hasenböhler, S. 23 f.; Bohny, S. 167; BK-Rehbinder, Art. 340b OR N 12.

775 Meist wird dies aber auf dasselbe hinauslaufen, weil der ehemalige Arbeitnehmer nur konkurrierend tätig wird.

776 AGer NE, JAR 1992, S. 292.

777 Vgl. die Hinweise bei Bohny, S. 168 Anm. 191; a.A. Streiff/von Kaenel, Art. 340b OR N 9; Häfliger, S. 78.

778 Häfliger, S. 78, will die sofortige Auflösung des Arbeitsverhältnisses nur dann zulassen, wenn der neue Arbeitgeber nicht gutgläubig war. Wusste er hingegen nichts vom bestehenden Konkurrenzverbot, so soll eine Beendigung des Arbeitsverhältnisses nur mit der ordentlichen Kündigungsfrist zulässig sein. Allerdings seien bei eminentem Interesse des früheren Arbeitgebers Ausnahmen zu gewähren. (Ein eminentes Interesse des Arbeitgebers ist aber für die Realexekution und besonders mittels vorsorglicher Massnahmen immer erforderlich).

779 Ebenso Häfliger, S. 78; dies ist bei der Nachteilsprognose zu berücksichtigen.

780 Zum Teil setzen die kantonalen Prozessordnungen die Kautionsleistung zwingend voraus (Bohny, S. 166 Anm. 175).

werden. Dabei ist die Sicherheitsleistung so zu beziffern, dass sie den mutmasslichen materiellen und immateriellen Schaden des Arbeitnehmers decken wird, falls sich der provisorische Entscheid als ungerechtfertigt erweisen sollte[781]. Zu berücksichtigen ist dabei auch eine allfällig an den neuen Arbeitgeber zu leistende Entschädigung, wenn der Arbeitnehmer das Arbeitsverhältnis fristlos auflösen muss. Der mögliche Schaden übersteigt in der Regel das hypothetische Einkommen während der Verbotsdauer, weil der Arbeitnehmer nach Ablauf des Verbots beispielsweise über weniger Berufserfahrung verfügt als ohne vorsorgliches Verbot[782]. Auch wenn die Kautionsleistung die Problematik einer möglichen Fehlentscheidung etwas zu entschärfen vermag, so kann auch sie nicht alle Unbilligkeiten aus der Welt schaffen. Trotzdem ist sie ein sehr hilfreiches Instrument zur Prüfung der Ernsthaftigkeit des gestellten Begehrens[783].

Die Vollstreckungshandlungen richten sich nach kantonalem Recht (Art. 97 Abs. 3OR)[784], wobei meist eine Bestrafung wegen Ungehorsams gegen eine amtliche Verfügung angedroht wird (Art. 292 StGB), da in der Regel nur indirekter Zwang ausgeübt werden kann[785]. Nur wenn der Arbeitnehmer ein eigenes Konkurrenzgeschäft eröffnet hat, kann direkter Zwang angewendet werden. Gegen die Anordnung vorsorglicher Massnahmen sind nebst den kantonalen Rechtsmitteln die Nichtigkeitsbeschwerde nach Art. 68 OG und die staatsrechtliche Beschwerde (Art. 84 I lit. A OG), nicht aber die zivilrechtliche Berufung zulässig[786].

---

781 Guldener, S. 582; Gloor, S. 56, 84 ff.; Sträuli/Messmer, § 110 N 17; Bohny, S. 166. Streiff/von Kaenel, Art. 340b OR N 9, verlangen eine Sicherheitsleistung mindestens in der Höhe eines Jahressalärs.

782 AppGer BE, JAR 1996, S. 327, bemisst den möglichen Schaden mit dem hypothetischen Einkommen.

783 Vgl. Hasenböhler, S. 41.

784 BK-Rehbinder, Art. 340b OR N 12.

785 Häfliger, S. 78.

786 BGer, JAR 1997, S. 223 ff.; BGE 103 II 120; Bohny, S. 168; BK-Rehbinder, Art. 340b OR N 12.

Zusammenfassung der wesentlichen Ergebnisse in Thesen

Abschliessend seien nochmals kurz die wichtigsten Ergebnisse festgehalten. Ganz grundsätzlich kann gesagt werden, dass weder durch die allgemeine Treuepflicht von Art. 321a OR noch durch die Bestimmungen des UWG bzw. des StGB ein dem nachvertraglichen Konkurrenzverbot entsprechender Schutz vor konkurrierender Tätigkeit ehemaliger Arbeitnehmer besteht. Will sich der Arbeitgeber umfassend gegen eine solche Tätigkeit schützen, so muss er dies – unter den strengen Voraussetzungen der Art. 340 ff. OR – speziell vereinbaren.

Die Schutzbedürftigkeit des Arbeitnehmers hört mit der formellen Beendigung des Arbeitsverhältnisses nicht einfach auf, sondern dauert noch weiter an. Art. 341 OR ist deshalb über seinen Wortlaut hinaus nicht nur auf Forderungen im eigentlichen Sinne anzuwenden, sondern auch auf die Vereinbarung eines Konkurrenzverbots. Deshalb kommen die arbeitsrechtlichen Schutzbestimmungen nicht nur bei einer Vereinbarung des Konkurrenzverbots während des Arbeitsverhältnisses zur Anwendung, sondern auch bei einer Vereinbarung innert Monatsfrist gemäss Art. 341 OR.

Ausserhalb des Arbeitsrechts können Konkurrenzverbote im Rahmen der Vertragsfreiheit grundsätzlich frei vereinbart werden. Dennoch ist auch bei der Auslegung solcher Konkurrenzverbote für die Struktur des anzuwenden Schutzes auf die Normen des Arbeitsrechts abzustellen.

Schutzobjekt des „Einblicks in den Kundenkreis“ ist grundsätzlich die Geschäftsbeziehung des Arbeitgebers zu seinen Kunden. Die Einblicksmöglichkeit des Arbeitnehmers besteht aus zwei Elementen, nämlich einem persönlichen Element und der Kenntnis der besonderen Wünsche und Bedürfnisse der Kunden bzw. der darauf abgestimmten Angebote und Massnahmen des Arbeitgebers. Letzterer Kenntnis muss Geheimnischarakter zukommen. Ob ein Arbeitnehmer Einblick hatte, beurteilt sich allein aufgrund von objektiven Kriterien.

Nicht jede Kenntnis vermag ein Konkurrenzverbot zu rechtfertigen, sondern nur eine solche, deren Verwertung auch eine erhebliche Schädigung des Arbeitnehmers zur Folge haben könnte. Dies ist aber nicht leichthin anzunehmen, sondern jeweils im Einzelfall zu prüfen. Die Erheblichkeit der Schädigung kann anhand einer relativen oder einer absoluten Methode beurteilt werden, doch kann der Kausalzusammenhang zwischen der schützenswerten

Kenntnis und der erheblichen Schädigungsmöglichkeit allenfalls durch die persönlichen Eigenschaften des Arbeitnehmers unterbrochen werden. Dann ist das Konkurrenzverbot nicht zulässig. Das beurteilt sich im Einzelfall danach, wie gross der originäre Beitrag des Arbeitnehmers am Arbeitsresultat ist, bzw. wieweit er sich lediglich der Angebote und Massnahmen des Arbeitgebers bediente.

Der Einblick in den Kundenkreis vermag nur ein Abwerbeverbot der vom Arbeitnehmer betreuten Kunden zu rechtfertigen. Dies gilt auch innerhalb des örtlich begrenzten Gebietes.

Die zeitliche Begrenzung von Konkurrenzverboten richtet sich jeweils ausschliesslich nach der Art der zu schützenden Kenntnisse und nicht etwa nach der Dauer des Arbeitsverhältnisses.

Jedes Konkurrenzverbot ist angemessen zu beschränken. Absolute Grenze ist in jedem Fall das erhebliche Interesse des Arbeitgebers. Das Verbot kann weder durch vertragliche Vereinbarung noch durch die Bezahlung einer besonderen Entschädigung über dieses Interesse hinaus wirksam werden. Bei besonderer vertraglicher Vereinbarung kann sich der Arbeitgeber zur Begründung seines Interesses auch auf das Interesse von mit ihm verbundenen Konzernunternehmen berufen. Unter besonderen Umständen ist das auch ohne vertragliche Regelung möglich. Relative Grenze jedes Konkurrenzverbots bildet aber bereits die unbillige Erschwerung des wirtschaftlichen Fortkommens des Arbeitnehmers. Wann dies der Fall ist, beurteilt sich aufgrund einer umfassenden Interessenabwägung der Beteiligten und unter Einbezug einer allfälligen Karenzentschädigung. Der Berücksichtigung der Karenzentschädigung soll jeweils verstärkte Bedeutung zukommen.

Höhere Lohnzahlungen während des Arbeitsverhältnisses können nur dann als Karenzentschädigung berücksichtigt werden, wenn sie gesondert als solche bezeichnet und ausgewiesen werden.

Für Internet-Firmen gelten bezüglich der angemessenen Begrenzung besondere Regeln. Zu unterscheiden gilt es zwischen Firmen, die nicht virtuelle Leistungen über das Internet anbieten, und solchen, die rein virtuelle Leistungen erbringen. Für die ersten kann auf das eigentliche Haupttätigkeitsgebiet abgestellt werden, bei reinen Internet-Firmen ist das Konkurrenzverbot hingegen sachlich und zeitlich entsprechend enger zu fassen und eine Karenzentschädigung zwingend einzubeziehen.

Der Richter kann in den Fällen übermässiger Konkurrenzverbote auch die Karenzentschädigung erhöhen bzw. den Arbeitgeber zur Leistung einer solchen verpflichten.

Konkurrenzverbote sind auch bei Auflösung des Arbeitsverhältnisses während der Probezeit verbindlich. Die kurze Dauer des Arbeitsverhältnisses kann nicht besonders berücksichtigt werden.

Der Arbeitgeber kann nur bei entsprechender vertraglicher Vereinbarung auf das Konkurrenzverbot und damit auf die Leistung einer Karenzentschädigung verzichten. Er muss diese aber während einer angemessenen Dauer weiter entrichten, um eine unbillige Erschwerung des wirtschaftlichen Fortkommens des Arbeitnehmers zu verhindern.

Art. 333 OR ist auf Übertragungen sowohl durch Singular- als auch durch Universalsukzessionen anwendbar. Dem Arbeitgeber steht dann immer ein Ablehnungsrecht zu. Macht er von diesem Gebrauch, so führt dies im allgemeinen zum Wegfall des Konkurrenzverbots. Das Ablehnungsrecht des Arbeitnehmers kann aber von den Parteien wegbedungen werden. Sie haben dann dafür zu sorgen, dass auch Arbeitnehmer mit befristeten Arbeitsverhältnissen den Vertrag bei wesentlichen Veränderungen vorzeitig beenden können. Inhaltlich vermag der Betriebsübergang aber nie zu einer Erweiterung der verbotenen Tätigkeiten führen. In tatsächlicher Hinsicht sind hingegen die Verhältnisse bei Beendigung des Arbeitsverhältnisses entscheidend.

Bei einer Verbotsübertretung wird der Arbeitnehmer nicht nur für den Schaden ersatzpflichtig, den er aufgrund seiner besonderen Kenntnis verschuldet hat, sondern auch für denjenigen aus der Verletzung des Verbots überhaupt, allenfalls also auch für eine Schädigung, die auf seine persönlichen Eigenschaften zurückzuführen ist.

Die Konventionalstrafe hat Schadenersatz-, Straf- und Abschreckungsfunktion. Deshalb gliedert sich die Bemessung in drei Schritte: Erstens ist das Interesse des Arbeitgebers aufgrund der Schädigungsmöglichkeit zu beziffern, zweitens ist ein adäquater Strafbetrag festzusetzen, und drittens ist der Gesamtbetrag den konkreten Verhältnissen und insbesondere dem Verschulden des Arbeitnehmers anzupassen.